RÉPUBLIQUE FRANÇAISE!!!

HISTOIRE

DES

MÉMORABLES JOURNÉES

DE FÉVRIER 1848,

ÉCRITE D'APRÈS LES DOCUMENTS OFFICIELS

FOURNIS

PAR LE GOUVERNEMENT PROVISOIRE.

Par le Citoyen **LEYNADIER**,

ANCIEN RÉDACTEUR DU JOUNAL LA RÉVOLUTION DE 1830, ET AUTEUR DES PEUPLES ET DES RÉVOLUTIONS DE L'EUROPE.

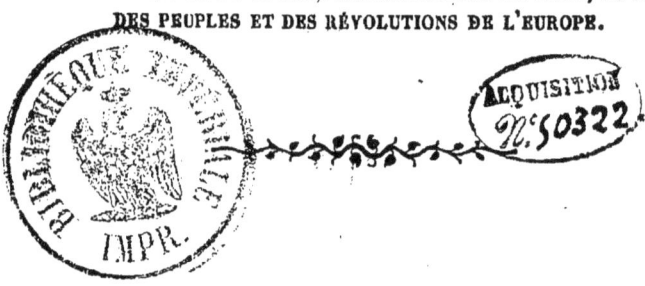

PARIS,

AU BUREAU DE LA LIBRAIRIE HISTORIQUE,

12, RUE DE CONSTANTINE,

ET CHEZ TOUS LES LIBRAIRES DE LA FRANCE.

1848

AVANT-PROPOS.

Dans les quinze années qui avaient précédé 1830, à la vue du vieil absolutisme européen rétablissant pièce à pièce le régime d'abus que l'on croyait pour toujours détruit, reconstruisant sur les mêmes bases cette formidable puissance que l'on croyait anéantie sans retour, se posant, avec un succès presque incontesté, en France, en Allemagne, en Italie, en Espagne, en Pologne, en Grèce, partout en face de la légitimité des nations, disant à un Peuple : « Vis ; » à l'autre : « Disparais ; » à tous : « Obéis ou meurs, » on put douter du véritable caractère de la Révolution de 1789. Un tel résultat était de nature à brouiller toutes les idées. Par là, le plus grand fait historique des temps modernes, la Révolution française, perdait toute la portée humanitaire dont l'avaient dotée tant d'esprits clairvoyants, et se trouvait rapetissée aux proportions mesquines d'un accident, d'un évènement. Heureusement, la Révolution de 1830 vint jeter sur tout une lumière nouvelle. Remplaçant encore une fois le principe du *droit divin* par le principe de la *Souveraineté Nationale*, elle rappela, par un coup de tonnerre, que l'absolutisme devait se préparer à compter tôt ou tard avec la légitimité méconnue des nations. Il fut évident alors que cette Révolution de 1789, qu'on avait cru un moment n'être qu'un accident, était un *temps;* que cette immense commotion qu'on avait cru n'être qu'un évènement, était une *époque.*

Les *trois Journées de 1848* sont venues réduire ce fait à l'état de dogme.

En effet, en opposition au principe tout individuel de réaction qui avait amené la Révolution de 1830, s'étaient développées dans les masses deux idées, l'une de progrès, c'est-à-dire poussant à toutes les conséquences immédiates de la Révolution de 1789, l'autre de conservation, c'est-à-dire se contentant des droits acquis depuis cette même Révolution, et voulant ou paralyser les unes ou laisser au temps le soin d'assurer les autres. Un moment réunies avant 1830, pour attaquer la restauration, ces deux idées se trouvèrent naturellement en présence, lorsque la restauration fut vaincue, et les trois nouvelles *Journées* viennent d'être le résultat de cette lutte.

Pour apprécier sainement, avant d'en retracer l'historique, cette Révolution nouvelle, une des plus étonnantes de l'histoire, cette lutte où, avant même que la tempête eût tout emporté, il était évident pour tous qu'aujourd'hui, comme hier, rien n'est possible que pour la liberté, il est indispensable de résumer en quelques mots quelques uns des grands faits qui, pendant le règne de Louis-Philippe, ont accéléré l'explosion.

Les dix premières années de ce règne offrent deux caractères saillants : l'un de résistance à tout progrès politique ou social ; l'autre, l'intronisation d'une sorte de Gouvernement personnel en dehors de toute fiction constitutionnelle.

Par quelques succès plus apparents que réels, la royauté de juillet, s'étant fortifiée matériellement dans ce système de résistance et d'empiètement constitutionnels, parut moins disposée que jamais à tenir compte des besoins réels du pays, et chercha à s'entourer de ministres qui pouvaient, la plupart, faciliter ses vues.

Une intrigue de la chambre des députés lui vint en aide, et le ministère du 1er mars tomba pour faire place à celui du 29 octobre.

A peine au pouvoir, l'homme le plus considérable de ce ministère, M. Guizot, celui qui semblait le mieux en résumer l'esprit, laissa tomber, du haut de la tribune, un de ces mots malheureux qui pèsent pendant longtemps sur une situation : *Enrichissez-vous*. Par ces mots, le ministre voulait-il dire : *La voie est ouverte à tous : acquérez du bien-être par le travail et la probité?* Tout le monde en douta, et la conscience publique les traduisit par ceux-ci : *Tous les moyens sont bons pour acquérir de la fortune. Enrichissez-vous; vous serez électeurs, députés; vous aurez part à la curée.*

De là une épouvantable perturbation dans le sens moral; de là mille accusations qu'une sorte de fatalité semblait devoir justifier. En effet, ce qui, chaque jour, devenait de plus en plus saillant, c'est que, dans la sphère de corruption où l'on semblait condamné à vivre, les uns comptaient sur l'amour de l'aisance, la prudence et la timidité des hommes; les autres en appelaient à leur énergie, à leur intégrité, à leur amour de la liberté. Le matérialisme l'emportait momentanément, et la corruption, gagnant tous les corps de l'Etat, dépravait un peuple apte à recevoir toute impulsion raisonnable.

Pour se rendre compte de l'importance de ce fait dans l'histoire des Journées de Février, il faut se persuader que tout évènement qui tend à stimuler outre mesure l'imagination du Peuple, peut devenir, quelque insignifiant qu'il soit en lui-même, une force terrible renversant des cabinets, ébranlant des dynasties et déjouant les calculs des hommes d'État les plus habiles et les plus clairvoyants. Ce n'est pas dans les faits qu'est le péril, mais dans les inductions que le Peuple en tire, dans les fictions qu'il y mêle.

Là est un des secrets de cette Révolution de Février. Des méfaits isolés ont attisé les flammes, et sont devenus le signal d'une sorte de condamnation morale en masse des classes auxquelles les coupables appartenaient.

A cette époque, depuis longtemps, les crimes individuels n'avaient rencontré, de la part de l'opinion publique en France, une susceptibilité aussi jalouse, aussi morbide en quelque sorte, lorsque, coup sur coup, se produisirent les procès Teste, d'Ecquevilley, l'assassinat Praslin, les accusations Girardin, les affaires des subsistances de la guerre, de la marine, et autres. La presse quotidienne, en relevant avec éclat toutes ces choses, ajouta des faits qui jusqu'alors n'étaient qu'une théorie, la démoralisation des classes supérieures. Il en rejaillissait contre le gouvernement, qu'on accusait d'être cause de tout cela, une sorte de complicité morale qu'on faisait remonter sans peine jusqu'à lui : triste fruit d'un principe odieux dont le gouvernement s'était fait une arme, et que l'opinion publique était d'autant plus disposée à tourner contre lui, qu'on ne cessait de lui répéter des mots prophétiques qu'on résumait dans ceux-ci : « On gouverne les hommes par deux moyens, par les sentiments généreux ou par les sentiments égoïstes. Malheur au gouvernement qui, préférant les derniers, s'adresse aux cordes basses du cœur humain ! »

C'était la condamnation anticipée du système mis en cause.

Une démonstration, pour réformer un tel état de choses, était devenue indispensable.

L'opposition constitutionnelle en prit l'initiative. Le banquet du Château-Rouge eut lieu: il fut suivi de soixante autres, qui, sur tous les points de la France, révélèrent, par d'éclatantes manifestations, toute l'irritation de l'opinion publique contre cette démoralisation érigée en principe gouvernemental. Le 12ᵉ arrondissement de Paris voulut s'y associer, et projeta un banquet. Le gouvernement l'interdit, mettant ainsi en cause un droit de réunion qu'il avait jusqu'alors tacitement reconnu. De là, un conflit dans la presse d'abord, à la tribune ensuite, et enfin dans la rue.

Nous n'avons ici à nous occuper que de ce dernier.

Dans le discours de la Couronne, le ministère avait mis dans la bouche du roi les mots *ennemis ou aveugles*, appliqués à ceux qui avaient assisté aux grandes manifestations réformistes. Plus de cent députés se trouvaient du nombre. Ils ne voulurent pas accepter ces épithètes injurieuses ; ils protestèrent à la tribune. Le ministère se raidit contre ces protestations. Fort d'une majorité qui, constitutionnellement, pouvait lui donner gain de cause, il maintint cette flétrissure morale contre une partie de la chambre. La France, Paris surtout, s'émut de ces débats. Le banquet projeté du 12ᵉ arrondissement fut publiquement annoncé. Le ministère, pour l'empêcher, invoqua une loi de 1790, tout au moins contestable, et, après des débats encore présents à toutes les mémoires, le jour du banquet fut définitivement fixé au mardi 22 février.

Mais, en dehors de la forme qu'avait prise le débat entre l'opposition et le ministère, se combinaient inaperçus, avec les éléments politiques, des éléments sociaux dont la gravité était à peine soupçonnée dans les régions législatives où s'agitaient peut-être autant d'ambitions personnelles que de patriotisme. Aussi, avec un peu de perspicacité, il était aisé de prévoir que si le peuple intervenait de tout son poids dans ce débat porté si imprudemment devant lui, on pourrait voir se réaliser la fable des *deux Plaideurs et l'Huître*, c'est-à-dire qu'il prendrait pour son compte le pouvoir que les autres semblaient se disputer.

L'évènement devait justifier cette prévision.

Quelques mots sont ici nécessaires pour bien apprécier, dans ce grand fait historique, le véritable caractère de cet élément qui allait trancher la difficulté d'une manière si inattendue.

La Révolution de 1789 avait été évidemment arrêtée dans ses progrès naturels par tous les pouvoirs qui lui avaient succédé. Il n'y avait plus, si l'on veut, d'aristocratie nobiliaire ou cléricale ; mais il y avait une aristocratie de *cens* maîtresse de la société et du pouvoir par le monopole électoral et législatif. Cette aristocratie pouvait s'assurer mutuellement contre toute diminution de tarif, contre toute levée de prohibition, contre toute concurrence, enfin, des produits similaires de l'étranger, qui, amenés en franchise sur les marchés français, auraient réduit le prix de la viande dont se nourrissent les classes laborieuses, les fers qu'elles travaillent, la laine, la toile et le coton dont elles se vêtissent. Le monopole n'avait été ainsi que déplacé, et le niveau démocratique s'était fatalement arrêté au milieu social.

Il y avait là un germe fatal de révolution non plus politique cette fois, mais sociale; c'est-à-dire qu'un premier travail humanitaire, complété au ix⁰ siècle, ayant changé l'*esclave* en *servage;* un second combat complété au xviii⁰, ayant changé le *servage* en *salaire*, le *salaire* devait à son tour se modifier par un nouveau perfectionnement qui émanciperait la petite agriculture, le petit commerce, les petites industries, enfin le prolétariat, écrasés l'un et l'autre matériellement et moralement par le privilège des capitaux.

Ce fait, qu'il était important de constater, explique la nature de l'élément social qui allait si inopinément se produire dans un débat où les champions ne comptaient certainement pas sur lui.

Constatons en passant que, sauf quelques tentatives isolées, rien ne le représentait en apparence, ni officiellement, ni officieusement. C'était, si l'on peut ainsi dire, une de ces choses vagues qui sont partout, qu'on ne voit nulle part, mais qui ne manquent jamais de se produire au temps marqué par la Providence.

Maintenant, que nous avons sommairement reconnu le terrain de l'histoire de ces trois Journées, suivons-en les acteurs dans leur destinée spéciale.

JOURNÉE DU 22 FÉVRIER.

Le 20 février, toujours sous l'impression des violents débats qui s'étaient produits à la chambre des députés, la commission générale, chargée de l'organisation du banquet du 12e arrondissement, avait fait publier dans les journaux le manifeste suivant :

« La commission générale, chargée d'organiser le banquet du 12e arrondissement, croit devoir rappeler que la manifestation fixée à mardi prochain a pour objet l'exercice légal et pacifique d'un droit constitutionnel, le droit de réunion politique sans lequel le gouvernement représentatif ne serait qu'une dérision.

« Le ministère ayant déclaré et soutenu à la tribune que la pratique de ce droit était soumise au bon plaisir de la police, les députés de l'opposition, des pairs de France, d'anciens députés, des membres du conseil général, des magistrats, des officiers, sous-officiers et soldats de la Garde Natiodale, des membres du comité central des électeurs de l'opposition, des rédacteurs de journaux de Paris, ont accepté l'invitation qui leur était faite de prendre part à la manifestation, afin de protester, en vertu de la loi, contre une prétention illégale et arbitraire.

« Comme il est naturel de prévoir que cette protestation publique peut attirer un concours considérable de citoyens ; comme on doit présumer aussi que les Gardes Nationaux de Paris, fidèles à leur devise de *Liberté, ordre public*, voudront, en cette circonstance, accomplir ce double devoir ; qu'ils voudront défendre la liberté en se joignant à la manifestation, protéger l'ordre, et empêcher toute collision par leur présence ; que, dans la prévision d'une réunion nombreuse de Gardes Nationaux et de citoyens, il semble convenable de prendre des dispositions qui éloignent toute cause de trouble et de tumulte ;

« La commission a pensé que la manifestation devait avoir lieu dans le quartier de la capitale où la largeur des rues et des places permît à la population de s'agglomérer sans qu'il en résulte d'encombrement.

« A cet effet, les députés, les pairs de France et les autres personnes invitées au banquet, s'assembleront mardi prochain, à onze heures, au lieu ordinaire des réunions de l'opposition parlementaire, place de la Madeleine, n° 2.

« Les souscripteurs du banquet qui font partie de la Garde Nationale sont priés de se réunir devant l'église de la Madeleine, et de former deux haies parallèles, entre lesquelles se placeront les invités.

« Le cortège aura en tête des officiers supérieurs de la Garde Nationale, qui se présenteront pour se joindre à la manifestation.

« Immédiatement après les invités et les convives se placera un rang d'officiers de la Garde Nationale.

« Derrière ceux-ci, les Gardes Nationaux formés en colonnes suivant le numéro des légions.

« Entre la troisième et la quatrième colonnes, les jeunes gens des Ecoles, sous la conduite de commissaires désignés par eux.

« Puis les autres Gardes Nationaux de Paris et de la banlieue dans l'ordre désigné plus haut.

« Le cortège partira à onze heures et demie, et se dirigera par la place de la Concorde et les Champs-Elysées vers le lieu du banquet.

« La commission, convaincue que cette manifestation sera d'autant plus efficace qu'elle sera plus calme, d'autant plus imposante qu'elle évitera même tout prétexte de conflit, invite les citoyens à ne pousser aucun cri, à ne porter ni drapeau ni signe extérieur ; elle invite les gardes nationaux qui prendront part à la manifestation, à se présenter sans armes ; il s'agit ici d'une protestation légale et pacifique, qui doit être surtout puissante par le nombre et l'attitude ferme et tranquille des citoyens.

« La commission espère que, dans cette occasion, tout homme présent se considérera comme un fonctionnaire chargé de faire respecter l'ordre ; elle se confie aux sentiments de la population parisienne, qui veut la paix publique avec la liberté, et qui sait que, pour assurer le maintien de ses droits, elle n'a besoin que d'une démonstration paisible, comme il convient à une nation intelligente, éclairée, qui a la conscience de l'autorité irrésistible de sa force morale, et qui est assurée de faire prévaloir ses vœux légitimes par l'expression légale et calme de son opinion. »

D'autre part, les Ecoles avaient fait publier aussi cette décision :

« Les Ecoles, fidèles à leurs traditions patriotiques, donneront leur concours à la protestation solennelle, organisée en faveur du droit de réunion méconnu par le pouvoir. Les Ecoles sont décidées à apporter, dans cette manifestation, le calme, l'esprit d'ordre et la fermeté si nécessaires à l'accomplissement d'un si grand acte politique.

« La réunion générale a lieu mardi, place du Panthéon, à l'heure indiquée par les journaux. La colonne d'étudiants prendra place entre deux haies formées par les Gardes Nationaux de la 12" légion, dont le concours est accepté avec reconnaissance. »

L'opinion publique, vivement émue, approuvait toutes ces démonstrations, et y prenait d'autant plus d'intérêt, que les bruits les plus sinistres couraient sur les déterminations du ministère.

En effet, dans ses réparties à la Chambre aux interpellations de M. Odilon Barrot, M. Duchâtel, se prévalant du manifeste de la commission générale du banquet, fit afficher dans la soirée du 21, pour interdire le banquet : 1° un arrêté de police basé sur l'article 111 n° 3 du titre II de la loi des 16-24 août 1790; sur l'art. 46 du titre 1er de la loi du 22 juillet 1791; sur l'acticle 1er de l'arrêté du gouvernement du 3 brumaire an XI; sur deux ordonnances de police du 30 novembre 1830, du 31 mai 1831, et enfin sur l'art. 471 n° 15 du code pénal; 2° une ordonnance concernant les attroupements, rappelant les dispositions de l'ordonnance de police du 13 juillet 1831; et enfin la proclamation suivante, du préfet de police, M. Delessert :

« Habitants de Paris !

« Une inquiétude, qui nuit au travail et aux affaires, règne depuis quelques jours dans les esprits. Elle provient des manifestations qui se préparent. Le gouvernement, déterminé par des motifs d'ordre public qui ne sont que trop justifiés, et usant d'un droit que les lois lui donnent, et qui a été constamment exercé sans contestation, a interdit le banquet du 12ᵉ arrondissement. Néanmoins, comme il a déclaré, devant la chambre des députés, que cette question était de nature à recevoir une solution judiciaire, au lieu de s'opposer par la force à la réunion projetée, il a pris la résolution de laisser constater la contravention, en permettant l'entrée des convives dans la salle du banquet, espérant que ces convives auraient la sagesse de se retirer à la première sommation, afin de ne pas convertir une simple contravention en un acte de rébellion. C'était le seul moyen de faire juger la question devant l'autorité suprême de la cour de cassation.

« Le gouvernement persiste dans cette détermination ; mais le manifeste publié ce matin par les journaux de l'opposition, annonce un autre but, d'autres intentions; il élève un gouvernement à côté du véritable gouvernement du pays, de celui qui est institué par la Charte et qui s'appuie sur la majorité des chambres ; il appelle une manifestation publique, dangereuse pour le repos de la cité ; il convoque, en violation de la loi de 1831, les Gardes Nationaux qu'il dispose à l'avance en haie régulière, par numéro de légion, les officiers en tête. Ici, aucun doute n'est possible, de bonne foi ; les lois les plus claires, les mieux établies, sont violées. Le gouvernement saura les faire respecter; elles sont le fondement et la garantie de l'ordre public.

« J'invite tous les bons citoyens à se conformer à ces lois, à ne se joindre à aucun rassemblement, de crainte de donner lieu à des troubles regrettables. Je fais cet appel à leur patriotisme et à leur raison, au nom de nos institutions, du repos public et des intérêts les plus chers de la cité. »

Le lieutenant-général Jaqueminot, commandant supérieur de la garde nationale, faisait en outre publier l'ordre du jour suivant :

ORDRE DU JOUR DU 21 FÉVRIER 1848.

« Gardes Nationaux du département de la Seine, tant que la manifestation qui se prépare n'a pas fait un appel direct à votre concours et à votre appui, je me suis abstenu de vous rappeler dans quelles limites la loi a renfermé vos droits et vos devoirs, parce que vous n'avez cessé de prouver, depuis dix-sept ans, que vous connaissiez bien les uns et les autres, et parce que vous n'y avez jamais manqué.

« Aujourd'hui que l'on cherche à vous égarer, au nom même de la légalité dont le maintien est confié a votre dévouement et à votre patriotisme; que des hommes qui vous sont étrangers, vous convoquent, vous appellent et usurpent les droits de vos chefs, je dois protester hautement contre cette injure, et c'est au nom de la loi elle-même que je m'adresse à vous.

« Les art. 1ᵉʳ, 7 et 93 de la loi du 22 mars 1831 sont ainsi conçus :

« Art. 1ᵉʳ. — La Garde Nationale est instituée pour
« défendre la royauté constitutionnelle, la Charte
« et les droits qu'elle a consacrés ; pour maintenir
« l'obéissance aux lois, conserver ou rétablir l'or-
« dre et la paix publics, seconder l'armée de
« ligne dans la défense des frontières et des côtes,
« assurer l'indépendance de la France et l'inté-
« grité de son territoire.

« Toutes délibérations prises par la Garde Na-
« tionale sur les affaires de l'Etat, du département
« et de la commune, est une atteinte à la liberté

« publique et un délit contre la chose publique et
« la Constitution.

« Art. 7.—Les citoyens ne pourront ni prendre
« les armes, ni se rassembler en état de Garde
« Nationale, sans l'ordre des chefs immédiats, ni
« ceux-ci donner cet ordre sans une réquisition
« de l'autorité civile, dont il sera donné connais-
« sance à la tête de la troupe.

« Art. 93.—Tout chef de corps, poste ou détache-
« ment de la Garde Nationale qui refusera d'ob-
« tempérer à une réquisition des magistrats ou
« fonctionnaires investis du droit de requérir la
« force publique, ou qui aura agi sans réquisition,
« et hors des cas prévus par la loi, sera poursuivi
« devant les tribunaux, et puni conformément aux
« articles 234 et 258 du Code pénal.

« La poursuite entraînera la suspension, et, s'il
« y a condamnation, la perte du grade. »

« Vous le voyez, Gardes Nationaux du département de la Seine, la loi parle en termes trop clairs
et trop précis, pour qu'il soit possible de vous abuser par une interprétation dont votre sagesse fera
justice.

« Peu d'entre vous, sans doute, sont disposés à
se laisser entraîner à une démarche coupable; mais
je voudrais leur épargner et la faute et le regret
de compter leur petit nombre au milieu des 85
mille Gardes Nationaux dont vos légions se com-
posent.

« C'est donc au nom de la loi que je vous adjure
de ne pas tromper la confiance du pays, qui a remis à votre garde la défense de la royauté constitutionnelle et de l'ordre légal.

« Vous ne voudrez pas, non plus, méconnaître
la voix de votre commandant supérieur, parce qu'il

ne vous a jamais abusés. Je compte sur votre sagesse et votre patriotisme, comme vous devez compter toujours sur ma loyauté et mon dévouement. »

En même temps, on annonçait que des troupes étaient dirigées de toutes parts sur Paris : des équipages militaires, partis de Vincennes, chargés de munitions de toute espèce, traversaient à toute heure les grandes voies de communication de la capitale.

Devant ces apprêts formidables, les députés de l'opposition ajournèrent le banquet, et la commission générale elle-même, dans un but d'humanité, fit publier la déclaration suivante :

« La Commission générale, chargée d'organiser le banquet du 12ᵉ arrondissement, après avoir pris connaissance de la délibération des députés de l'opposition ;

« Considérant que le ministre de l'intérieur a déclaré à la tribune qu'il tolérait le banquet, pourvu qu'on s'y rendît individuellement ;

« Qu'on donnerait ainsi aux ministres l'occasion de constater une contravention, et de faire juger par un tribunal de simple police un droit politique qui est du ressort des chambres et du pays tout entier ;

« Qu'on servirait ainsi les désirs du ministère, et qu'on jouerait à son profit une sorte de comédie indigne de citoyens pénétrés de leur devoir ;

« Considérant, de plus, que la manifestation générale à laquelle la population de Paris devait concourir donnait le véritable caractère au banquet projeté ;

« Que les mesures prises par l'autorité militaire exposeraient à des collisions certaines et sanglantes ceux qui persisteraient à faire contre la force une démonstration collective ;

« Que le patriotisme et l'humanité commandent également d'éviter de pareilles extrémités :

« Par ces motifs, la commission a décidé que le banquet du 12ᵉ arrondissement serait ajourné ; elle laisse au pouvoir la responsabilité des provocations et des violences ; elle a la pleine confiance que l'acte d'accusation d'un ministère, qui a conduit la population de Paris au seuil d'une guerre civile, sera déposé demain à la chambre, et que la France, consultée ensuite, saura, par le poids de son opinion, faire justice d'une politique qui excite depuis longtemps le mépris et l'indignation du pays. »

Malgré tout cela, cependant, dès le matin du 22, des flots pressés de peuple descendaient le long des quais et des boulevarts. Ces deux affluents se réunissaient à la Madeleine, à la place de la Concorde et aux Champs-Élysées. La foule affluait surtout près du lieu désigné pour le banquet, rue du Chemin-de-Versailles, à Chaillot.

Cette population parisienne qui, pendant les orageuses discussions des derniers jours, avait entendu l'opposition s'engager publiquement à résister à l'arbitraire, qui avait reçu depuis quelques jours la confidence des préparatifs d'une éclatante manifestation, tenait à prouver qu'elle était toujours prête à soutenir ceux dont la parole annonçait la résolution de défendre le droit de tous. Elle s'était rendue en nombre considérable au lieu de la réunion ; elle y attendait les députés ; elle y trouva des troupes.

A défaut de la manifestation annoncée, elle fit la sienne, entonna la *Marseillaise*, et aux cris de *Vive la Réforme! A bas Guizot!* se dirigea vers le ministère des affaires étrangères, où quelques uns des plus ardents cassèrent des vitres.

D'un autre côté, la population de la rive gauche, émue et inquiète des évènements, et ne sachant pas encore la résolution des députés, s'était portée en grande partie sur le palais par la rue de Bourgogne. On poussait des cris confus pendant qu'une foule épaisse cherchait à déboucher par le pont de la Concorde. Un détachement qui le gardait croisa la baïonnette et fit mine de tirer; mais trois ou quatre jeunes gens s'avançant et découvrant leurs poitrines : « Tirez, si vous voulez, sur vos frères ! » dirent-ils aux soldats. Et ceux-ci les laissèrent passer. Ils forcèrent la grille du péristyle de la chambre. Quelques uns même pénétrèrent jusque dans l'escalier qui conduit aux tribunes publiques. Les chefs d'huissier accoururent avec quelques députés; un escadron leur vint en aide, et tout rentra dans l'ordre.

Peu après, vers trois heures, des collisions eurent lieu sur la place de la Concorde, qui était disposée de manière à pouvoir résister, non pas à une foule indisciplinée, mais à une armée entière. La garde municipale à pied et à cheval fit des charges aux Champs-Élysées; ils faisaient usage de leurs armes blanches; le peuple se défendait à coups de pierre. Plusieurs citoyens furent forcés de se précipiter dans les fossés de la place de la Concorde pour échapper à la brutalité des gardes municipaux. Des Gardes Nationaux sans armes et en uniforme s'avançaient entre les groupes et les charges, protestant hautement contre ces violences. La troupe de ligne assistait immobile et l'arme au bras à ce triste spectacle. Plus de deux cents arrestations furent faites.

Dès ce moment, des groupes nombreux circulèrent dans tous les quartiers de la capitale, aux cris de *Vive la Réforme! A bas Guizot!* Sur le passage des attroupements, les boutiques se fermaient. Le Palais-Royal, les Tuileries, étaient fermés; les passages des rues Saint-Honoré, Montmartre, Montorgueil étaient aussi fermés. Des engagements avaient lieu sur plusieurs points, et les combattants avaient successivement occupé les rues Tiquetonne, Bourg-l'Abbé, Grenétat et Transnonain. Trente à quarante, à peine, avaient des armes. Ils eurent bientôt épuisé leurs munitions. L'engagement le plus meurtrier eut lieu dans une maison de la rue Beaubourg, où cinq prisonniers avaient été enfermés. Leurs camarades avaient voulu les délivrer; un combat avait eu lieu entre les gardes municipaux et les combattants. Il y avait eu des deux parts des blessés et des morts.

Des rassemblements plus considérables avaient lieu dans le quartier des Prouvaires et au Marais. Mais entre minuit et une heure tout était à peu près dispersé.

Pendant toute la journée, chacun avait pu être frappé de l'air morne et consterné des militaires. Ils accomplissaient avec une répugnance visible un pénible devoir. Leur attitude était triste et résignée : leur conduite envers la foule était pleine de ménagements et d'égards. Ils avaient remarqué avec un douloureux sentiment que la Garde Nationale n'avait pas été convoquée. Cette défiance du gouvernement envers la milice citoyenne jeta dans l'esprit des troupes de toute arme une anxiété et une incertitude dont la cause populaire devait avant tout profiter.

A la Chambre, cependant, au milieu de ces collisions sanglantes, on avait discuté avec un sang-froid philosophique la question d'une banque provinciale. Pas un mot de ces luttes désolantes qui avaient eu lieu à quelques pas entre les troupes et ce peuple qui était venu là, appelé par l'opposition. Seulement, la pétition suivante des Ecoles, revêtue d'un millier de signatures, avait été déposée sur le bureau de la Chambre :

« La manifestation empêchée par le gouvernement est la plus grande preuve qu'il craint un appel à la justice du pays.

« Il ne nous reste plus, pour arriver à la conservation des droits que 1830 a consacrés, que notre confiance dans les députés de l'opposition. Nous attendons d'eux la demande de la mise en accusation du ministère. Comme d'avance, nous en sommes convaincus, elle sera repoussée par la majorité, vu les liens qui la retiennent, nous espérons que chaque député véritablement attaché à nos libertés saura prendre une résolution énergique qui répondra à l'attente générale. »

D'autre part, M. de Genoude, député de Toulouse, avait déposé une proposition pour mettre le ministère en accusation, et les députés de l'opposition en avaient fait une demande formelle ainsi conçue :

« Nous proposons de mettre le ministère en accusation, comme coupable :

« 1° D'avoir trahi au dehors l'honneur et les intérêts de la France ;

« 2° D'avoir faussé les principes de la Constitution, violé les garanties de la liberté et attenté aux droits des citoyens ;

« 3° D'avoir, par une corruption systématique, tenté de substituer à la libre expression de l'opinion publique les calculs de l'intérêt privé, et de pervertir ainsi le gouvernement représentatif;

« 4° D'avoir trafiqué, dans un intérêt ministériel, des fonctions publiques, ainsi que de tous les attributs et privilèges du pouvoir ;

« 5° D'avoir, dans le même intérêt, ruiné les finances de l'État, et compromis ainsi les forces et la grandeur nationales;

« 6° D'avoir violemment dépouillé les citoyens d'un droit inhérent à toute constitution libre, et dont l'exercice leur avait été garanti par la Charte, par les lois et par les précédents;

« 7° D'avoir enfin, par une politique ouvertement contre-révolutionnaire, remis en question toutes les conquêtes de nos deux révolutions, et jeté dans le pays une perturbation profonde.

« Odilon Barrot, Duvergier de Hauranne, général Thiard, Dupont (de l'Eure), Isambert, Léon de Maleville, Garnier-Pagès, Chambolle, Bethmont, Lherbette, Pagès (Ariège), Baroche, Havin, Léon Faucher, Ferd. de Lasteyrie, de Courtais, Hort. de Saint-Albin, Crémieux, Gaultier de Rumilly, Raimbault, Boissel, de Beaumont (Somme), Luneau, Baron, Georges de Lafayette, Marie, Carnot, Bureaux de Puzy, Dusollier, Mathieu (Saône-et-Loire), Drouyn de Lhuys, d'Aragon, Cambacérès, Drault, Marquis, Bigot, Quinette, Maichain, Lefort-Gonssollin, Tessié de La Motte, Demarçay, Bonnin, Larabit, Garnon, Maurat-Ballanche, Taillandier, Abbatucci, Creton, Lesseps, Mauguin, Vavin, Jouvencel. »

Cette proposition fut mise à l'ordre du jour pour la prochaine réunion des bureaux.

Telle fut cette première journée. Le ministère avait jeté le gant; le peuple allait le ramasser.

JOURNÉE DU 23 FÉVRIER.

La nuit se passe en préparatifs d'une part et en attente de l'autre. En effet, rien n'annonçait dans le parti populaire une direction suprême, un centre où vinssent aboutir toutes les résistances, toutes les attaques dont les journées suivantes allaient offrir le spectacle. Chacun de ceux qui se jetaient dans la lutte, semblait n'obéir qu'à son instinct; les autres paraissaient plus curieux qu'hostiles. Seulement, un observateur attentif pouvait démêler, dans l'allure de tous, les traits saillants de ce qu'on pourrait appeler un *Patriotisme d'entraînement*, que les Français, du reste, possèdent à un suprême degré, faisant dans l'occasion d'immenses choses et exécutant, en se jouant, ce que les autres peuples ne font que rêver.

Quant au Gouvernement, il avait déployé, dès le matin, un appareil de forces formidables. Les points principaux de la capitale étaient militairement occupés, et dans les Champs-Élysées étaient de nombreuses réserves de troupes, infanterie et cavalerie. On pouvait, dès ce moment, remarquer que les dispositions stratégiques avaient pour objet de tenir libre la ligne des quais et de la rue de Rivoli jusqu'aux Halles, par la rue Saint-Honoré, la ligne des boulevarts, maintenant la communication de la halle aux boulevarts par la rue Saint-Denis.

La Garde Nationale, de son côté, dont quelques

rares piquets n'avaient pu, dès la veille, être rassemblés qu'avec peine, tout en remplissant sa mission d'ordre, manifestait l'esprit qui l'animait en présence de l'imprudent défi porté à la Population parisienne par les affiches de la Préfecture de police. Dès le matin, vers neuf heures, le rappel avait battu dans presque toutes les rues. Dès ce moment, il était facile de comprendre qu'une solennelle manifestation de la milice citoyenne allait avoir lieu.

Telle était, dès le matin du 23, la situation respective du gouvernement, de la Garde Nationale et du Peuple; le premier comptant sur sa force et décidé à en user, l'autre disposée à seconder l'initiative du peuple, et ce dernier, enfin, prêt, en quelque sorte instinctivement, à tout entreprendre et à tout oser, sans que cette grave détermination se révêlât au-dehors par aucun autre indice que de l'inquiétude et de l'agitation. Dès ce moment, et ce fait est digne de remarque, l'opposition, dite constitutionnelle, était complètement effacée et reléguée au second rang. Bientôt on n'allait plus avoir à s'en occuper que pour mémoire.

Le mouvement commença dans le quartier Saint-Denis. Vers huit heures du soir, la veille, une bande d'ouvriers en blouse avaient entouré la porte Saint-Denis; les uns portaient des pinces, les autres d'énormes bâtons; ils avaient tordu et descellé quelques barreaux de la grille qui protégeait la porte. Descendant ensuite par la rue Beauregard, en brandissant leurs bâtons et leurs barres, ils avaient essayé d'éteindre les becs de gaz et d'élever une barricade dans la rue Saint-Philippe. Par suite de cette tentative, une batterie desservie par des artilleurs à cheval avait été placée sur le boulevart Bonne-Nouvelle, au centre d'un détachement du 52ᵉ régiment de ligne formé en carré, et qui, toute la nuit, avait bivouaqué l'arme au pied, sous une pluie battante. Trois voitures de foin et un caisson destinés à l'alimentation des chevaux de la cavalerie qui stationnait sur le boulevart et dans les rues environnantes, avaient été amenés en face de la porte Saint-Denis. L'attaque commença sur ce point, et cette lutte, qui allait devenir si sanglante, débuta par un incident assez burlesque.

En effet, ces voitures de foin avaient été longtemps protégées par de forts détachements du 52 ; mais, soit que la discipline se fût relâchée, soit toute autre cause, les soldats avaient perdu de leur sévérité : des ouvriers avaient pénétré dans les rangs et monté sur les caissons et sur les meules de foin. L'ordre étant arrivé peu après de faire disparaître ces voitures qui encombraient le boulevart et qui avaient été l'occasion de rassemblements considérables depuis le matin, les voitures s'ébranlèrent chargées des nombreux envahisseurs qui s'étaient guindés sur ces étranges chars de triomphe. Les soldats du train, qui riaient eux-mêmes de l'aventure, traînèrent les héros de cette ovation inattendue jusqu'à la hauteur de la rue Saint-Étienne. Là, ces singuliers triomphateurs furent rejoints par une soixantaine d'hommes en blouse, précédés d'un tambour battant le rappel, et sous la conduite d'un individu à longue barbe qui agitait dans l'air un drapeau tricolore. Les deux bandes se joignirent ; elles parcoururent successivement plusieurs rues, où elles purent dresser des barricades pendant une heure environ.

Mais vers dix heures et demie, un piquet de gardes municipaux à pied, composé de cinquante hommes, ayant débouché par la rue de Cléry, débusqua successivement tous ceux qui s'étaient rangés derrière les barricades, et en tua plusieurs. Pendant près d'une heure, des collisions se renouvelèrent aux barricades dressées entre le boulevart et les rues Saint-Denis, Montmartre et les halles. Des forces considérables ne tardèrent pas à occuper ces divers points, et presque en même temps un déploiement de troupes non moins imposant eut lieu dans le quartier des Halles, où régnait depuis le matin une fort vive agitation. Des soldats, échelonnés de distance en distance, protégeaient les transactions relatives aux denrées ; d'autres, pour empêcher les attroupements, parcouraient les rues, et, après avoir franchi un espace donné, faisaient volte-face et revenaient sur leurs pas, en recommençant le même trajet. Des pièces de canon étaient braquées çà et là. Malgré tout cela, nos barricades s'élevaient sur un point à mesure que la troupe les détruisait sur d'autres, et à une heure de l'après-midi, les plus fortes et les plus artistement construites, entre la rue du Temple et la rue Saint-Martin, restaient en la possession de quelques centaines de jeunes gens. Le centre de ce noyau de résistance était la rue Transnonain. Les barricades étaient établies rue Jean-Robert, rue du Cimetière-Saint-Nicolas, rues Montmorency, Chapon, des Gravilliers, Michel-le-Comte et Grenier-Saint-Lazare.

Sur tous ces points, l'enthousiasme des Citoyens avait donné lieu à des scènes de dévouement et de courage. Voici, entre mille, deux faits qui servirent à faire connaître l'irrésistible élan des combattants et cet admirable instinct d'initiative, éternel apanage du Peuple parisien.

Une barricade avait été formée dans la rue Saint-Martin. Une compagnie de soldats de ligne voulait la prendre d'assaut. Un jeune enfant de quinze ans, sautant par dessus et s'enveloppant d'un drapeau rouge qu'il tenait à la main, se mit à genoux, et dit d'une voix résolue : « *Tirez, si vous voulez.* » L'exemple de cet intrépide gagne les Citoyens qui se trouvaient derrière : d'un commun accord, ils franchissent la barricade, viennent se placer au-devant des fusils, et s'écrient : « *Si vous l'osez, frappez des frères, frappez des citoyens désarmés.* » Les soldats qui les avaient mis en joue relevèrent leurs armes, et refusèrent d'en faire usage. Des cris de *Vive la ligne!* éclatèrent aussitôt de tous côtés.

Voici l'autre fait :

Un jeune homme avait été arrêté dans un rassemblement sur le boulevart Bonne-Nouvelle; on l'avait conduit dans un poste établi en face du Gymnase. Ses camarades se réunirent en foule devant le poste, le redemandant à grands cris. Les soldats menacèrent de faire feu : — « Peu nous importe ! s'écrièrent les jeunes gens ; faites votre devoir, nous ferons le nôtre ! » En dépit des baïonnettes ils escaladent la façade du poste, pénètrent par une lucarne, délivrent le prisonnier, désarment les soldats, tirent leurs fusils en l'air et les leur rendent en criant à tue-tête : *Vive la ligne!* La foule, émerveillée de cet acte de vaillance et de générosité, applaudit.

Quant aux sentiments qui animaient ce Peuple héroïque, les faits suivants sont plus éloquents que tout ce qu'on pourrait dire :

A la prise des Tuileries, le Peuple trouva dans la chapelle un magnifique Christ sculpté. Le Peuple s'arrêta et salua. « Mes amis, dit un élève de l'École, voilà notre maitre à tous! ».

Le Peuple prit le Christ et le porta solennellement à l'église Saint-Roch. « Citoyens, chapeau bas ! saluez le Christ ! » disait le Peuple ; et tout le monde s'inclinait dans un sentiment religieux.

Au Carrousel, au moment où les gardes municipaux venaient de cesser le feu, quelques hommes, exaltés par le combat, voulaient faire main basse sur ces malheureux instruments du despotisme ; mais bientôt l'exaltation des vainqueurs fit place à des sentiments de concorde. « On a tué mon frère au Palais-Royal ! criait encore un Citoyen ; il faut que je tue quelqu'un ! — Si tu tues quelqu'un, répondit un Garde National, ce sera ton frère aussi ! » Ce mot sublime anéantit tout sentiment de vengeance.

Pendant ce temps, un rassemblement de deux à trois cents personnes s'était formé sur la place du Panthéon, et était descendu vers la rue Saint-Martin, se recrutant dans sa marche, et élevant de nouvelles barricades, en grand nombre dans le faubourg Saint-Antoine, le Marais et la Cité, où des barricades avaient été tour-à-tour élevées et déblayées. Ainsi le champ de bataille, au lieu de s'amoindrir, allait en s'agrandissant.

Vers une heure, cependant, sur beaucoup de points, la lutte cessa d'être acharnée; le bruit commençait à se répandre alors que le ministère était renversé, et la troupe de ligne criait que tout était fini. On attendait sous les armes.

Une des nuances du caractère de ce mouvement populaire commençait alors à se dessiner d'une manière fort nette. Ce n'était pas une émeute ; ce n'était pas une insurrection : c'était, si l'on peut ainsi dire, une révolution morale que le gouvernement avait provoquée, et sous laquelle il allait succomber.

En effet, à la chambre des députés, où chacun apportait le récit des scènes cruelles, patriotiques, qui agitaient Paris tout entier, régnait une émotion inexprimable. Des pétitions contre le ministère et pour la réforme arrivaient à chaque instant : on annonce tout-à-coup que cinq cents hommes de la 4e légion, sans armes, avaient à remettre une pétition à MM. Crémieux et Marie, mais ne pouvaient dépasser le pont de la Concorde, où un détachement de la 10e légion et les chasseurs à cheval leur barraient le passage. Les deux députés sortent pour recevoir la pétition, se placent au milieu du cercle qu'avaient formé les Gardes Nationaux, et reçoivent une pétition ainsi conçue :

« Messieurs les députés, nous soussignés ci-
« toyens du 4e arrondissement, déclarons, pour
« rendre hommage à la vérité, et à nos convic-
« tions personnelles, être prêts à soutenir dans
« les rangs de la Garde Notionale sa devise :
« *Liberté, ordre public*, et, à cet effet, à prendre
« les armes sous les ordres de nos chefs, pour
« maintenir l'ordre et la tranquillité ; mais nous
« entendons bien formellement, par cette mani-
« festation, ne pas nous constituer les soutiens
« d'un ministère corrupteur et corrompu, et dont
« nous repoussons de toute la force de nos con-
« victions la politique et les actes, appelant de
« tous nos vœux sa mise en accusation et son
« renvoi immédiat. »

M. Crémieux reçut la pétition, en adressant aux Gardes Nationaux l'allocution suivante :

« Messieurs et chers concitoyens, vous êtes les
« protecteurs de l'ordre public et de la liberté. Sur
« tous les points où des collisions éclatent, c'est à
« vous à mettre un terme à l'effusion du sang de
« vos frères, citoyens ou soldats, car les soldats
« sont vos frères comme le Peuple. Vous étiez
« frappés de la crainte que votre concours ne sem-
« blât un acquiescement à une détestable politi-
« que ; je vous ai conseillé des pétitions à la Cham-
« bre, dans lesquelles vous feriez connaître votre
« opinion comme citoyens, en même temps que
« vous iriez dans les rangs comme Gardes Natio-
« naux. Ces pétitions, je suis venu les recevoir, et
« je vais les déposer sur la tribune. Maintenant,
« allez où des collisisions s'élèvent, rétablissez
« l'ordre et la paix ; le ministère est frappé de
« mort, la Garde Nationale a prononcé son ar-
« rêt !... »

Des acclamations unanimes accueillirent ces dernières paroles, qu'à ce moment même justifiait l'évènement.

En effet, dans la chambre, l'un des députés de Paris, M. Vavin, adressait au ministère les interpellations suivantes :

« Depuis plus de vingt-quatre heures, des trou-
« bles graves désolent la capitale. Hier, la popu-
« lation a remarqué avec un douloureux éton-
« nement l'absence de la Garde Nationale. Cet
« étonnement était d'autant plus grand, d'autant
« plus pénible, qu'on savait que l'ordre de la con-
« voquer avait été donné lundi dans la soirée.

« Il serait donc vrai que, dans la nuit du lundi
« au mardi, cet ordre de réunir la Garde Natio-

« nale aurait été révoqué? Ce n'est qu'hier, à cinq
« heures, que le rappel a été battu dans quelques
« quartiers pour réunir quelques Gardes Natio-
« naux. Dans la journée, la population de Paris a
« été laissée au milieu des dangers qui l'environ-
« nait, sans la protection de sa milice citoyenne.
« Des collisions funestes ont eu lieu; nous n'au-
« rions peut-être pas aujourd'hui à les déplorer,
« si, dès le commencement des troubles, on avait
« vu dans nos rues, sur nos places, cette Garde
« Nationale, dont la devise est : *Ordre public, Li-*
« *berté.*

« Sur un fait aussi grave, aussi malheureux, je
« prie Messieurs les Ministres de nous donner
« quelques explications. »

Quelques voix de l'opposition applaudissent, les
autres murmurent. M. Guizot, qui était au banc des
ministres avec MM. Hébert, Salvandy, Jayr, Dumon et Cunin-Gridaine, se dirige vers la tribune :
son attitude est morne, son regard n'a rien de ce
feu et de cette assurance qui le caractérisaient :

« Messieurs, dit-il, je crois qu'il ne serait ni
« conforme à l'intérêt public, ni à propos pour la
« Chambre, d'entrer en ce moment dans aucun
« débat sur les interpellations que vient de nous
« adresser l'honorable préopinant.

« Le roi fait appeler en ce moment M. le comte
« Molé... »

Des applaudissements partent simultanément de
quelques bancs et d'une des tribunes. M. Guizot
reprend d'une voix altérée :

« L'interruption qui vient de s'élever ne me fera
« rien ajouter ni rien retrancher à mes paroles.
« Le roi fait appeler en ce moment le comte Molé
« pour le charger de former un nouveau cabinet. »

A ces mots, les députés quittent leurs places ; des membres du centre s'approchent de M. Guizot et l'interpellent avec la plus grande vivacité. — « C'est « impardonnable ! dit l'un. » — « C'est livrer la « monarchie ! ajoute un autre. »

Et ces hommes, si longtemps maîtres du pouvoir, qui n'ont su que l'exploiter sans rien faire pour l'honorer, le rendre populaire et l'affermir, sont plus attérés encore que M. Guizot.

Quant aux membres de la gauche, ils adressent affectueusement la parole à ce ministre tombant devant l'explosion de la colère populaire, et semblent croire que la question est résolue parce que le ministère est renversé.

Au milieu de l'agitation produite par cette déclaration, M. Dupin s'est levé pour demander l'ajournement de la délibération qui avait été indiquée pour demain dans les bureaux, la discussion de la mise en accusation des ministres. M. Barrot a appuyé cette proposition.

Mais le cabinet et ses amis insistèrent dans le sens contraire, et l'ordre du jour fut maintenu.

Même agitation, même tumulte à la chambre des pairs. M. d'Alton-Shée et M. de Boissy renouvelèrent une demande d'interpellations faites hier sans succès ; mais elle fut l'occasion d'une de ces scènes violentes comme il ne s'en était jamais produit à cette chambre. En voici le détail :

M. le comte d'Alton-Shée. — Je supplie la chambre de m'autoriser à interpeller les ministres sur les graves évènements qui ensanglantent depuis hier la capitale. (Sensation.)

M. le Président. — Déposez une proposition.

M. d'Alton-Shée rédige sa proposition, dont l'un

de MM. les secrétaires donne lecture; elle est ainsi conçue :

« Des évènements graves se sont accomplis; une émotion générale s'est emparée de la population; hier et aujourd'hui des collisions déplorables ont eu lieu entre la troupe et les citoyens.

« De ces évènements, les uns font peser la responsabilité sur le gouvernement, les autres sur l'opposition. Je supplie la chambre, dans l'intérêt de la justice et de la vérité, de m'autoriser, dès qu'elle jugera le moment opportun, à interpeller MM. les ministres. Il importe d'établir dans un débat public et contradictoire, devant la chambre et devant le pays tout entier, la part de responsabilité qui doit revenir à chacun.

« Le 23 Février 1848.

« Le comte d'ALTON-SHÉE, pair de France. »

M. le marquis de Boissy. — Peut-on appuyer la proposition avant le vote de la chambre?

M. le Président. — Non ! Je consulte la chambre !

La chambre, à une très-grande majorité, décide qu'elle n'entendra pas M. d'Alton-Shée.

M. de Boissy. — Je demande la parole. (A l'ordre ! à l'ordre !)

M. de Boissy. — Comment ! ne suis-je pas aussi libre que vous? Je dépose une proposition. (Interruption.)

Voix nombreuses. — Non ! non ! à l'ordre !

M. de Boissy, avec force. - Comment! messieurs, est-ce que le règlement ne vous lie pas comme moi! Je dépose une demande en interpellations! (Rumeurs.)

M. le Président. — Alors donnez-là !

M. de Boissy.—La voici. (Agitation.)

M. le vicomte Flavigny, secrétaire, lisant :

« Attendu qu'hier le sang a coulé sur divers points de la capitale ;

« Attendu qu'aujourd'hui encore la population parisienne est menacée de mort et d'incendie, de mort par soixante bouches à feu approvisionnées moitié à coups de mitraille, moitié à coups de boulets ; qu'elle est menacée de dévastation et d'incendie par quatre cents pétards, le tout transporté d'urgence et en hâte de Vincennes à l'Ecole-Militaire. »

M. le comte de Tascher, interrompant.—Ce n'est pas là une demande d'interpellations ; on ne peut tolérer...

M. de Boissy. — Messieurs, je demande à lire, sans discuter.... (Non ! non ! à l'ordre !)

Les pairs sont... (A l'ordre ! à l'ordre !)

(Un tumulte extraordinaire s'élève dans toutes les parties de la chambre ; plusieurs pairs adressent à l'orateur des interpellations que nous ne pouvons saisir, et échangent entr'eux des paroles empreintes d'une vivacité extrême. M. de Boissy continue à parler, mais sa voix est couverte par le bruit.)

M. le président. — Monsieur de Boissy, je vous rappelle à l'ordre. Vous n'avez pas la parole ; asseyez-vous.

M. le marquis de Boissy. — Le règlement est fait pour moi comme pour vous... (Nouveaux cris.)

(Le tumulte éclate avec plus de force ; tous les pairs apostrophent M. de Boissy. M. le président cherche à se faire entendre.)

M. le marquis de Boissy. — Si vous faites autant de bruit, force me sera de me taire ; car je ne puis lutter contre tant de personnes qui crient toutes ensemble : je me tairai....

M. Laplagne-Barris. — Eh bien! taisez-vous!

M. le marquis de Boissy, se tournant vivement vers M. Laplagne-Barris. — Comment, que je me taise! (Le bruit redouble.) Vous n'avez pas, Monsieur, le droit de m'interpeller ainsi. C'est de la dernière inconvenance. (La voix de l'orateur est couverte par de nouveaux cris : A l'ordre! à l'ordre!)

M. le marquis de Boissy, avec force. — Non! Je le dis à la chambre, à la face de mon pays, je méprise les personnalités, et plus que les personnalités, ceux qui se les permettent à mon égard. J'en avertis ceux qui m'injurient.

M. de Mackau. — Vous ne devez pas parler.

M. le marquis de Boissy. — Je dirai à M. de Mackau qu'il ne préside pas, et que cela ne le regarde pas.

M. le Président, au milieu d'une agitation impossible à décrire. — Il ne peut pas être permis à un seul homme de manquer de respect à la chambre entière.

M. le marquis de Boissy. — Je respecte la chambre, mais je ne respecte pas ceux qui se permettent des personnalités à mon égard.

J'ai l'honneur de demander à la chambre..... (Non! non! vous n'avez pas la parole! A l'ordre! à l'ordre!)

M. le Président. — Asseyez-vous, monsieur ; vous n'avez pas la parole.

M. de Flavigny. — Voici les conclusions de la demande de M. de Boissy :

« J'ai l'honneur de demander à la chambre la permission d'adresser des interpellations au cabinet sur la situation de la capitale, et notamment pourquoi il n'a pas réuni plus tôt la Garde Nationale.

« Signé, marquis de Boissy,
« Pair de France.

« Paris, le 23 février 1848. »

M. le Président. — La demande est-elle appuyée ?

M. d'Alton-Shée. — Oui !

M. le Président. — Il faut qu'elle soit appuyée par deux membres. (Silence.)

La proposition n'étant pas appuyée par deux membres, il n'y a pas lieu de s'en occuper.

Après cet incident, la chambre, dont l'émotion n'est pas encore calmée, passe à son ordre du jour, qui appelle la discussion du projet de loi relatif à l'expropriation forcée dans les colonies.

Au dehors cependant, même parmi les combattants, beaucoup de gens semblaient croire la question résolue par le renversement du ministère. En effet, l'annonce de la chute des ministres y répandit la joie dans tous les groupes. Toutes les classes de la société s'associèrent à cette allégresse, éclatante condamnation du système qui avait longtemps pesé sur la France. Sur les boulevarts, dans les rues, partout la même nouvelle était dans toutes les bouches. L'autorité, commençant à sentir elle-même le besoin de mettre fin à l'agitation qui s'était emparée de la population parisienne, avait envoyé avec des détachements de troupes, des officiers d'état-major annonçant à haute voix, dans les groupes, le renversement du ministère.

Partout on applaudissait, et partout on se méprenait sur la portée d'un mouvement qui avait pris alors un développement incroyable. Tout cela, l'erreur des uns et l'intensité croissante de l'autre, était spécialement dû à l'attitude passive de la Garde Nationale sur quelques points, et à son intervention conciliatrice sur d'autres. Aussi peut-elle revendiquer à bon droit, par son intelligente coopération dans cette journée, une partie de la gloire qui allait, en les dépassant, peut-être combler toutes ses espérances. On aurait une idée précise de la complication et du mécanisme de cette force de résistance qui agissait contre l'autorité, en disant que le Peuple était l'épée qui frappait, la Garde Nationale le bras qui aidait au mouvement de l'épée, le tout attenant à un corps qui se révélait partout et qui n'était visible nulle part.

Quelques faits pris au hasard rendront palpable la part qui revient à la Garde Nationale dans ce mouvement.

Quatre cents Gardes Nationaux environ de la 10ᵉ légion s'étaient assemblés rue du Dragon. Le colonel arriva à cheval, et dans une allocution leur dit qu'ils étaient convoqués pour rétablir la confiance. Un Garde National sortit des rangs et déclara qu'ils se réunissaient pour faire respecter les propriétés et pour établir en effet la paix et la confiance; mais que, loin de faire en aucune façon acte de sympathie pour le ministère, ils avaient l'intention de réclamer la réforme. Le colonel descendit de cheval pour chercher à ébranler la résolution des autres ; mais un d'entr'eux s'écria à ses côtés : *Vive la Réforme !* Le colonel fit le geste de s'emparer de lui ; les autres s'y opposèrent, faisant observer qu'ils ne pouvaient arrêter un citoyen pour avoir poussé un cri qu'ils étaient eux-mêmes disposés à répéter.

Ailleurs, un bataillon de la 2ᵉ légion s'était réuni sous l'auvent de l'Opéra. Le commandant, s'adressant aux Gardes Nationaux, leur dit qu'il avait l'intention de contribuer, pour sa part, à faire respecter, avec leur aide, l'ordre et la propriété, mais qu'il ne voulait pas venir au secours du ministère. Un Garde National l'interrompit en disant : « Nous ne sommes pas ici pour faire de la politique. — Bien au contraire, répondit le commandant. » Tous les autres lui donnèrent immédiatement raison, et le mirent en marche au cri de : *Vive la Réforme !* qui allait provisoirement devenir le mot de ralliement de la journée.

Ailleurs enfin, place des Petits-Pères, un demi-escadron de cuirassiers était de planton et se disposait à charger des citoyens, lorsqu'un capitaine de la 7e légion, mettant le sabre à la main, s'interposa en disant : « Halte-là ! on ne passe pas ; nous sommes ici pour maintenir l'ordre, et tant que nous serons ici, vous n'avancerez pas. Nous répondons de tout sans votre intervention ; mais si vous faites un pas, nous résisterons. » A ces nobles paroles, l'escadron tourna bride.

Ainsi, partout mis en demeure de lutter contre la Garde Nationale, les corps de l'armée, infanterie, cavalerie, artillerie, ne pouvaient que passer, de l'abattement que leur causait cette lutte fratricide, à l'irrésolution. Aussi, canons, cavaliers, fantassins, tout allait être bientôt brisé par la colère du Peuple, et cet ouragan vengeur ne devait s'arrêter qu'après la prise des Tuileries.

Un évènement déplorable vint hâter une solution qui n'était dans les prévisions de personne. Quoique sur certains points on eût fait, en quelque sorte, une suspension d'armes, sur d'autres la fusillade continuait. Les curieux qui n'étaient pas dans la rue, étaient aux fenêtres, assistant parfois de là à de forts navrants spectacles. La nuit s'était faite, et pour remplacer les becs de gaz éteints, de nombreux rassemblements parcouraient les rues en criant: Illuminez! illuminez! Vive la Réforme! L'un d'eux s'était porté sur le boulevart des Capucines, et s'était amassé devant l'hôtel des affaires étrangères. Tout-à-coup, la porte de l'hôtel s'ouvre, des détachements de troupes de ligne se rangent en bataille, et l'un d'eux dirige un feu de peloton sur cette multitude. Un grand nombre de personnes tombèrent percées de balles : on en remplit deux tombereaux ; on parcourut quelques quartiers avec cette triste dépouille, en criant : Vengeance! on vient d'assassiner nos frères! Et la lutte, qui était près de s'éteindre à peu près partout, se ranima rue Transnonain, rue Rambuteau, dans la Cité, dans le quartier des halles et sur la place de Grève. A minuit, on entendait encore la fusillade sur ces divers points. Dans les rues, on battait la générale ; dans quelques églises, on sonnait le tocsin, et, au moment où tout semblait prêt de finir, tout venait de se préparer à recommencer avec une intensité nouvelle.

JOURNÉE DU 24 FÉVRIER.

Dès le matin du 24, en effet, le Comité électoral démocratique avait répandu partout la communication suivante :

« Le ministère est renversé : c'est bien.

« Mais les derniers évènements qui ont agité la capitale appellent, sur des mesures devenues désormais indispensables, l'attention de tous les bons citoyens.

« Une manifestation légale, depuis longtemps annoncée, est tombée tout-à-coup dans une menace liberticide, lancée par un ministre du haut de la tribune. On a déployé un immense appareil de guerre, comme si Paris eût eu l'étranger, non pas à ses portes, mais dans son sein. Le Peuple, généreusement ému et sans armes, a vu ses rangs divisés par des soldats. Un sang héroïque a coulé.

« Dans ces circonstances, nous, membres du Comité électoral démocratique des arrondissements de la Seine, nous nous faisons un devoir de rappeler hautement que c'est sur le patriotisme de tous les Citoyens, organisés en garde nationale, que reposent, aux termes de la Charte, les garanties de la liberté.

« Nous avons vu, sur plusieurs points, les soldats s'arrêter, avec une noble tristesse, avec une émotion fraternelle, devant le Peuple désarmé. Et, en effet, combien n'est pas douloureuse pour des hommes d'honneur cette alternative de manquer aux lois de la discipline ou de tuer des concitoyens !

La ville de la science, des arts, de l'industrie, de la civilisation, Paris enfin, ne saurait être le champ de bataille rêvé par le courage des soldats français. Leur attitude l'a prouvé, et elle condamne le rôle qu'on leur impose.

« D'un autre côté, la Garde Nationale s'est énergiquement prononcée, comme elle le devait, en faveur du mouvement réformiste, et il est certain que le résultat obtenu aurait été atteint, sans effusion de sang, s'il n'y eût pas eu, de la part du ministère, provocation directe, provocation résultant d'un brutal étalage de troupes.

« Donc, les membres du Comité électoral démocratique proposent à la signature de tous les Citoyens la pétition suivante :

« Considérant,

« Que l'application de l'armée à la compression des troubles civils est attentatoire à la dignité d'un peuple libre et à la moralité de l'armée elle-même;

« Qu'il y a là renversement de l'ordre véritable et négation permanente de la liberté ;

« Que le concours à la force seule est un crime contre le droit ;

« Qu'il est injuste et barbare de forcer des hommes de cœur à choisir entre le devoir du militaire et ceux du citoyen ;

« Que la Garde Nationale a été instituée précisément pour garantir le repos de la cité et sauvegarder les libertés de la Nation ;

« Qu'à elle seule il appartient de distinguer une révolution d'une émeute ;

« Les Citoyens, soussignés, demandent que le Peuple tout entier soit incorporé dans la Garde Nationale ;

« Ils demandent que la garde municipale soit dissoute ;

« Ils demandent qu'il soit décidé législativement qu'à l'avenir l'armée ne pourra plus être employée à la compression des troubles civils. »

« A. Grimard, électeur, délégué du 8e arrondissement ;

Louis Blanc, électeur, délégué du 2e arrondissement ;

David (d'Angers), électeur, délégué du 11e arrondissement, membre de l'Institut ;

Martin (de Strasbourg), électeur, délégué du 10e arrondissement, ancien député ;

Durand Saint-Amand, électeur, délégué du 1er arrondissement ;

Félix Pyat, délégué du 8e arrondissement ;

Grenheiser, capitaine, 3e légion, délégué du 3e arrondissement ;

Vasnier, capitaine, 4e légion, délégué du 4e arrondissement ;

Haguette, électeur municipal, délégué du 4e arrondissement ;

Recurt, capitaine, 8e légion, électeur, délégué du 8e arrondissement ;

O. Gellée, électeur, délégué du 9e arrondissement ;

Thaumier, électeur, délégué du 9e arrondissement ;

L. Monduit, électeur, délégué du 11e arrondissement ;

M. Goudchaux, électeur, délégué du 2e arrondissement ;

Barbier, électeur, délégué du 10e arrondissement ;

Lauveau, capitaine, 7e légion, délégué du 7e arrondissement ;

Dauphin, capitaine, 7e légion, électeur, délégué du 7e arrondissement;

Destourbet, capitaine, 7e légion, électeur, délégué du 7e arrondissement;

Jules Bastide, électeur, délégué du 7e arrondissement;

Hovyn, chef de bataillon, 3e légion, électeur, délégué du 3e arrondissement;

Victor Masson, électeur, délégué du 11e arrondissement;

De La Châtre, électeur, délégué du 1er arrondissement;

Cerceuil, capitaine, 8e légion, délégué du 8e arrondissement. »

D'autre part, la 4e légion de la Garde Nationale faisait circuler la déclaration suivante :

DÉCLARATION.

« Nous soussignés, appartenant tous à la Garde Nationale, déclarons que, au milieu des troubles de la capitale, le rappel étant battu et réclamant notre réunion, nous, protecteurs de l'ordre, nous allons nous rendre partout où nous serons dirigés, pour empêcher ou arrêter l'effusion du sang; mais, en même temps, protecteurs de la Liberté, nous déclarons que notre réunion n'a aucunement pour objet d'approuver la politique ministérielle au dedans ou au dehors, ni de donner un appui quelconque à un ministère que nous blâmons, au contraire, avec toute l'énergie de bons citoyens.

« Nous ne délibérons pas sous les armes; nous faisons connaître toute notre pensée avant de nous rendre à notre poste.

« Paris, le 23 février 1848. »

Ces communications répandues partout, commentées partout, au moment où se répandait aussi la relation de l'épouvantable boucherie de la nuit, devant le ministère des affaires étrangères, produisaient parmi la foule une impression difficile à décrire ; la veille on se montrait disposé à se contenter du changement complet du système politique, de la dissolution de la chambre et des réformes demandées : tout ce qu'on apprenait, tout ce qui se révélait, rendait ces satisfactions insuffisantes. La lutte semblait devoir changer de face. Paris prenait le regard menaçant, la voix puissante d'une population soulevée par un même sentiment, et de tous les coins de la ville immense retentissaient des éclats de colère, signe précurseur d'une crise solennelle.

Au milieu de la nuit, M. Molé avait annoncé au roi qu'il ne pouvait réussir à composer un cabinet qui pût répondre aux exigences de la situation. M. Thiers s'était rendu au château des Tuileries, et avait accepté la présidence du conseil, avec M. Odilon Barrot pour collègue à l'intérieur. MM. Duvergier de Hauranne, de Rémusat, et le général Lamoricière, faisaient partie de cette combinaison. En même temps, le *Moniteur* publiait deux ordonnances, aussitôt retirées que rendues, nommant le maréchal Bugeaud commandant supérieur des Gardes Nationales de la Seine, et commandant en chef des troupes de ligne de la 1re division militaire. Mais à ce moment déjà l'heure des concessions était passée. Pendant la nuit entière d'immenses préparatifs d'attaque et de résistance avaient été faits. Paris présente un spectacle formidable. Toutes les rues sont barrées par des barricades énormes, construites de pavés, de voitures, depuis le boulevart des Italiens jusqu'à la porte Saint-Denis : tous les arbres des boulevarts sont coupés, toutes les colonnes renversées, tous les bancs descellés. Les abords de toutes les rues aboutissantes sont gardés par les combattants.

Mais les préparatifs sont surtout imposants à partir de la rue Saint-Denis ; toute la largeur du boulevart y est barrée par une barricade solide comme un mur ; une barricade plus haute et plus impénétrable encore défend l'entrée de la rue ; des barricades s'échelonnent de distance en distance sur le boulevart jusqu'à la Bastille, et des deux côtés de la porte Saint-Denis, jusqu'à la Chapelle et au bord de l'eau.

Ces divers préparatifs ont été achevés sans empêchement de la part des troupes de ligne, rangées le long du boulevart, l'arme au pied, regardant de loin sans agir. La physionomie des soldats est morne. L'incertitude et l'anxiété se peignent sur leurs visages. Aucune agression n'a lieu contre elles, et de leur côté elles paraissent peu disposées à entamer la lutte.

Cependant, sur d'autres points, des engagements ont lieu. On apprend que la lutte, depuis la catastrophe du boulevart des Capucines, n'a pas un instant cessé dans les quartiers Saint-Denis et Saint-Martin. Bientôt des troupes débouchent sur le boulevart même, à la hauteur de la rue Montmartre. C'est un déploiement de forces considérable. On voit paraître successivement des chasseurs de Vincennes, des dragons, des chasseurs et de la troupe de ligne. Celle-ci engage un feu de peloton contre les défenseurs de la barricade élevée à l'entrée du faubourg.

A huit heures, les troupes filent vers le boulevart Saint-Denis, où des engagements plus meurtriers ont lieu. Les barricades continuent à se construire. Le peuple se procure des armes et des munitions. Partout il lutte, partout il est sublime.

A neuf heures, le bruit se répand que des pourparlers ont lieu. De nombreux officiers d'ordonnance se croisent sur le chemin du château.

Bientôt on apprend d'une manière plus certaine que des propositions sont faites, que des nouvelles concessions sont arrêtées.

Ces nouvelles sont officiellement confirmées. L'ordre arrive sur les boulevarts de suspendre les hostilités. Immédiatement la troupe de ligne renverse ses fusils sur les épaules. Toutes les troupes stationnées sur les boulevarts défilent au pas devant le peuple, qui les accueille par des *vivats*. La Garde Nationale ferme la marche. Elle est saluée par des bravos enthousiastes.

En même temps, un autre cortège descend le boulevart en sens inverse. On distingue M. Odilon Barrot, l'un des chefs du ministère désigné, entouré de MM. Horace Vernet en costume d'officier de la Garde Nationale, Oscar Lafayette, Quinette, et quelques autres membres de la chambre des députés. Des cris confus se font entendre. La foule se précipite sur les pas du cortège, qui prend la direction de la rue Saint-Denis, pour se diriger vers l'Hôtel-de-Ville. Il s'arrête aux pieds d'une barricade.

Les personnes qui accompagnent M. Odilon Barrot s'efforcent de lui frayer un chemin. La foule résiste.

M. Odilon Barrot veut parler ; il ne peut proférer que ces paroles : « Mes bons amis, nos efforts communs l'ont emporté. Nous avons reconquis la liberté, et, ce qui vaut mieux, l'honnêteté... » Sa voix est couverte par les cris. « Cela ne nous suffit pas ! Nous avons été trompés trop souvent ! » répond-on de toutes parts. Un homme s'avance dans une attitude énergique. Il fait entendre que les concessions arrivent trop tard. M. Odilon Barrot rebrousse chemin, et le caractère du mouvement est nettement dessiné par les cris qu'il entend sur son chemin.

A dix heures et demie, la proclamation suivante est répandue et affichée :

« Citoyens de Paris !

« L'ordre est donné de suspendre le feu. Nous venons d'être chargés par le roi de composer un ministère. La chambre va être dissoute. Un appel est fait au pays. Le général Lamoricière est nommé commandant en chef de la Garde Nationale de Paris.

« MM. Odilon Barrot, Thiers, Lamoricière, Duvergier de Hauranne, sont ministres.

« Liberté ! Ordre ! Réforme !

« Signé : ODILON BAROT et THIERS. »

Cette proclamation est immédiatement lacérée, le mouvement se poursuit. On marche sur les Tuileries par le Palais-Royal et la place du Carrousel.

A midi, des députés arrivent aux Tuileries rendre compte de l'état de la capitale, escortés par le peuple; ils sont introduits sur la place du Carrousel par des aides-de-camp de la Garde Nationale; cette place est en ce moment occupée par des caissons de vivres et de munitions, par plusieurs escadrons de cuirassiers et par différentes troupes dont l'aspect est morne et abattu.

Au château, tout le monde est dans une véritable affliction. Nombre de généraux occupent les salons, demandent des nouvelles, mais ne proposant aucun moyen de sortir d'embarras; plusieurs membres des deux chambres sont présents. MM. Thiers, de Lasteyrie, Dupin, Emile de Girardin, arrivent successivement ; celui-ci décide le roi à signer son abdication.

La proclamation suivante est affichée à une heure.

« Citoyens,
« Abdication du roi.
« Régence de Madame la duchesse d'Orléans.
« Dissolution de la chambre.
« Amnistie générale. »

Quelques instants après, la nouvelle de cet abdication se répand autour du Carrousel; mais en ce moment, les gardes municipaux, postés sur la place du Palais-Royal, ont fait feu sur les groupes de citoyens et sur la Garde Nationale qui débouchait vers les Tuileries.

Dès lors, toute tentative de conciliation devenait inutile. Bientôt le peuple et la Garde Nationale se présentent sur la place du Carrousel. Le roi s'avance vers eux, il veut parler; des cris de colère l'interrompent; il pâlit et se retire. Escorté par la cavalerie et l'artillerie, il traverse le jardin par la partie qui longe la rivière. A travers les arbres dépouillés de feuilles on pouvait voir de la rue de Rivoli ce morne cortège. Arrivé sur la place de la Concorde, le roi jeta un dernier regard sur ce château des Tuileries qu'il ne devait plus revoir. Une voiture bourgeoise l'attendait : il y monta et se dirigea vers Neuilly, d'où il partit avec sa famille pour Versailles, de là pour le Tréport, et de là enfin pour l'Angleterre.

Il était alors deux heures de l'après-midi.

La troupe cependant s'était formée sur la place du Carrousel, le long des quais adjacents et autour de la chambre des députés. Mais, totalement démoralisée par ces évènements prodigieux qui se succédaient avec une incroyable rapidité, elle se laissait envahir et pénétrer par de nombreux groupes de citoyens qui arrivaient drapeaux en tête; bientôt même, sur l'ordre de ses généraux, elle abandonna le terrain, conservant l'attitude la plus régulière et la plus pacifique : elle rentra dans ses quartiers ou ses cantonnements partout accueillie par les cris de *Vive la ligne! Vive l'artillerie!*

A ce moment, la grille qui fait face à la rue de Castiglione avait été renversée, ainsi que deux de ses supports en pierre, et le flot populaire arrive presque en même temps aux Tuileries par la cour et par le jardin. Tout est envahi : rien n'est dévasté : les objets les plus faciles à cacher sont religieusement respectés : des bijoux, un écrin même trouvé dans les appartements de la reine, sont portés aux mairies : ce peuple admirable sait qu'il est là pour un déni de justice et non pour un vil intérêt : il est venu pour vaincre et non pour piller.

Cet incroyable désintéressement n'est pas la dernière vertu dont il donnera l'exemple. Au même instant que les Tuileries étaient emportées, avait lieu sur la place du Château-d'Eau, devant le Palais-Royal, un engagement où fut légèrement blessé à la main le général Lamoricière. Là, comme partout, le Peuple l'emporte : mais les vaincus sont des frères. Il le sait, et ceux d'entre eux qui avaient été blessés, sont portés immédiatement aux ambulances à travers les rangs des vainqueurs qui se rangent en silence et se découvrent respectueusement devant les civières où gisaient ces soldats victimes d'un devoir incompris.

Comme ceux de Tuileries, les appartements du Palais-Royal sont envahis à leur tour : on jette des croisées les meubles dans la cour. On y joint les voitures royales qu'on avait amenées des écuries de la rue Saint-Thomas-du-Louvre. On livre le tout aux flammes, et pendant cet auto-da-fé des hommes du Peuple portaient, au bout de leurs armes, des écriteaux ainsi conçus : *Mort aux voleurs !* et des factionnaires improvisés fouillaient toutes les personnes à leur sortie des appartements royaux.

Les tableaux de la galerie d'Orléans sont respectés; mais les canapés, les fauteils dorés, les meubles de prix du salon d'honneur sont impitoyablement brûlés, et les flammèches, les flocons de plumes emportées par un vent du sud-ouest, arrivaient jusqu'au quartier Poissonnière.

En même temps, au moment où la troupe de ligne, se retirant de toute part, défilait sur le boulevart, retournant à la Madeleine aux cris de *Vive la ligne !* poussé par le Peuple mêlé dans ses rangs, les soldats de garde de l'hôtel des affaires étrangères, voyant cet accord, s'étaient décidés à évacuer l'hôtel. Deux officiers de la Garde Nationale, qui étaient présents, s'empressent de placer en faction une sentinelle de la Garde Nationale et une sentinelle prise parmi le Peuple pour en défendre l'entrée et protéger les archives si importantes de ce ministère. On écrit à la craie, en grandes lettres, sur un battant : *Hôtel du Peuple ;* sur l'autre : *Propriété Nationale*, et l'on place à gauche un écriteau portant : *Boutique à louer*.

Au même moment, le Peuple disait son dernier mot à la royauté dans une de ces inspirations grandioses et poétiques dont les Ouvriers de Paris ont toujours su tirer des effets d'une couleur si vive et si inattendue.

Le Peuple, après avoir enlevé le fauteuil doré de la salle du trône, l'avait pris et porté à bras jusqu'à la place de la Bastille. Rien de plus extraordinaire que cette marche triomphale le long des boulevarts, à travers les barricades, au son d'un seul tambour battant la charge et de cymbales frappant obstinément sur le même rhythme monotone, et accompagné d'une foule de combattants portant presque tous quelques oripeaux arrachés aux garde-robes ou aux tentures des appartements.

Arrivé au pied de la colonne, le cortège a fait, toujours dans le plus grand ordre, le tour de la grille. Ensuite les porteurs ont hissé le fauteuil sur le soubassement en marbre blanc, tandis que plusieurs des Citoyens qui accompagnaient se groupaient autour, et que les musiciens prenaient place sur le socle immédiatement au-dessus du fauteuil de bois doré. Alors on mit le feu à la paille accumulée dessous, et bientôt, aux acclamations de la foule immense qui encombrait la place, au bruit des décharges de milliers de fusils, le dernier siège de la royauté éclairait de reflets rouges l'inscription qui consacre cette autre justice du Peuple, si prompte et si forte, et pourtant sitôt oubliée !

Le combat avait cessé partout.

Le Peuple et la Garde Nationale, par un fraternel accord, avaient assuré la victoire.

L'École Polytechnique avait partagé tous les périls et toutes les gloires de la journée.

Trois mille Rouennais et Hâvrais conduisant un fort approvisionnement de guerre, et arrivés le matin par le chemin de fer de Rouen, avaient pris part aux combats et au triomphe de la part de la population parisienne.

A deux heures, la victoire du peuple était dans la rue complète, et l'on pouvait lire sur tous les murs le placard suivant :

VOEUX DU PEUPLE.

Réforme pour tous.

Amnistie générale ; — les ministres exceptés et mis en accusation.

Droit de réunion consacré par une manifestation prochaine. Dissolution immédiate de la chambre et convocation des assemblées primaires.

Garde urbaine aux ordres de la municipalité. Abolition des lois de septembre. Liberté de la parole, liberté de la presse, liberté de pétition, liberté d'association, liberté d'élection.

Réforme électorale. Tout Garde National est électeur et éligible. — Réforme parlementaire. Rétribution aux députés ; les fonctionnaires publics à leur poste. — Réforme de la chambre des pairs. Pas plus de nomination royale que d'hérédité aristocratique. — Réforme administrative. Garanties pour tous les fonctionnaires et employés contre l'abus des faveurs et des influences. — La propriété respectée, mais le droit au travail garanti. Le travail assuré au peuple.

Union et association fraternelle entre les chefs d'industrie et les travailleurs. — Egalité de droits par l'éducation donnée à tous : Crèches, Salles d'Asyle, Ecoles rurales, Ecoles urbaines. Plus d'oppression et d'exploitation de l'enfance. — Liberté absolue des cultes. Indépendance absolue des consciences.

— Protection pour tous les faibles, femmes et enfants. — Paix et Sainte-Alliance entre tous les Peuples. — Abolition de la guerre, où le Peuple sert de chair à canon. — Indépendance pour toutes les nationalités. — La France gardienne des droits des peuples faibles. — L'ORDRE FONDÉ SUR LA LIBERTÉ.

FRATERNITÉ UNIVERSELLE!!!

A la chambre des députés, cependant, le drame si continuait.

Malgré l'annonce faite d'une réunion en séance publique pour trois heures, dès une heure M. Sauzet présidait au fauteuil.

Au dehors, les abords de la chambre sur la rive gauche étaient complètement libres. Le pont était interdit à la circulation, ainsi que la place de la Concorde. Un fort détachement de cavalerie occupe la tête du pont et l'angle du quai des Tuileries.

Dans l'intérieur du palais, la physionomie de l'assemblée est grave et solennelle. Les députés conservateurs, inquiets et troublés, interrogent les personnes qui arrivent du dehors, et semblent comprendre qu'ils ont perdu leur cause.

Vers une heure et demie, M. le président se tourne tout-à-coup vers les portes latérales, comme attendant l'arrivée de personnes qui vont venir du dehors. La nouvelle se répand aussitôt dans les tribunes que la duchesse d'Orléans va se présenter avec ses deux fils.

Les députés entrent en foule dans la salle des séances. Ils sont au nombre de 300 environ. Le banc des ministres est entièrement vide.

Un mouvement se manifeste vers la porte du couloir d'entrée. C'est en effet la duchesse d'Orléans qui, après le départ de Louis-Philippe, se rendait au sein de l'assemblée. Elle entra tenant par la main ses deux fils, le comte de Paris et le duc de Chartres, et accompagnée des ducs de Nemours, de Montpensier et de quelques officiers supérieurs. Elle est entièrement vêtue de noir, ses deux fils le sont aussi. Tous trois s'asseyent dans l'hémicycle, au pied de la tribune, en face de la chambre. Derrière eux, sont debout les ducs de Nemours et de Montpensier. Plusieurs citoyens entrés en même temps dans la salle se placent au pied de la tribune.

De toutes parts. — Faites silence! faites silence!

M. Dupin monte à la tribune.

M. le Président, aux députés qui tous sont debout. — Messieurs, asseyez-vous.

M. Dupin. — Messieurs, les manifestations qui ont lieu ont eu pour résultat l'abdication de S. M. Louis-Philippe, qui a déclaré en même temps qu'il déposait le pouvoir, et laissait la libre transmission sur la tête de S. A. R. Mgr le comte de Paris, avec régence de Madame la duchesse d'Orléans. (Acclamations sur quelques bancs.)

Messieurs, vos acclamations, témoignage si précieux pour le nouveau roi et pour madame la Régente, ne sont pas les premières qui l'aient accueillie. Elle vient de traverser à pied les Tuileries, la place et le pont, accompagnée de ses fils, escortée par la Garde Nationale...

Une voix. — Il est trop tard.

M. Dupin. — La princesse comprend ce que cette mission lui impose, pénétrée comme elle l'est du sentiment profond de l'intérêt public, et confiante dans l'appui du vœu national.

Messieurs, il faut que le vœu solennel de la chambre et du pays se traduise par un acte...

En attendant l'acte d'abdication qui, sans doute, va être apporté par M. Odilon Barrot, je propose que la chambre donne acte des acclamations qui viennent de s'élever, et ordonne l'insertion au procès-verbal de la proclamation de M. le comte de Paris, comme roi des Français, *avec la régence de madame la duchesse d'Orléans.* (On regarde le duc de Nemours. Quelques acclamations se font entendre.)

Voix nombreuses. — Silence! Non! non!

M. Dupin. — Messieurs, vos acclamations sont un témoignage précieux pour le nouveau roi et pour madame la régente. (Bruit et agitation.)

La princesse comprendra ce que cette mission lui impose, pénétrée comme elle l'est du sentiment profond de l'intérêt public, et confiante dans l'appui du vœu national.

M. Emmanuel Arago, placé en bas de la tribune, adresse la parole aux députés avec vivacité, et discute avec M. Sauzet, qui lui refuse la parole.

M. le Président. — Avant de donner la parole à qui que ce soit, je rappelle qu'au nom de la chambre, et sur la proposition de M. Dupin, je dois déclarer : Qu'attendu l'abdication du roi Louis-Philippe et les acclamations de la chambre, la chambre proclame M. le comte de Paris roi des Français, avec la régence de son auguste mère.

M. Marie monte à la tribune.

M. de Lamartine y monte également, sur la demande d'un grand nombre de ses collègues et des tribunes.

M. le Président, au milieu du bruit. — M. de Lamartine propose que la chambre ne continue sa délibération qu'après le départ de la famille royale.

C'est un devoir que nous avons à remplir.

La duchesse d'Orléans et ses deux enfants, après quelque hésitation, montent vers les gradins supérieurs du centre, près de la porte du fond, où ils sont entourés par plusieurs Gardes Nationaux.

M. le général Oudinot prononce, au milieu du tumulte, quelques mots qui se perdent au milieu du bruit.

Un grand nombre de citoyens ont pénétré dans la Chambre, et quelques uns vont s'asseoir, au bruit des bravos des tribunes, à côté des députés de l'opposition, qui les accueillent avec empressement.

M. le président. — L'hémicycle est obstrué. Je ne puis qu'inviter les personnes étrangères à la Chambre à sortir de l'enceinte. Veuillez respecter l'assemblée. Veuillez sortir, messieurs ; il est impossible que qui que ce soit ait la parole en ce moment.

M. Marie, avec force. — Je demande la parole ! (Oui ! Oui ! Parlez ! — Quelques membres : M. O. Barrot ! M. O. Barrot !)

M. Crémieux. — M. Barrot viendra, mais écoutez M. Marie.

M. Marie. — Messieurs, dans la position où Paris se trouve, vous n'avez pas un moment à perdre pour prendre une mesure qui soit efficace sur la population. Depuis ce matin, l'agitation a fait d'immenses progrès, et, si vous tardez encore un instant, qui peut prévoir ce qui arrivera ! On vient tout-à-l'heure de proclamer Madame la duchesse d'Orléans, mais vous avez une loi qui nomme M. le duc de Nemours régent. Vous ne pouvez pas aujourd'hui faire une loi. Cependant il faut aviser ; il faut à la tête du pays un gouvernement provisoire. (Acclamations.) Je demande qu'un gouvernement provisoire soit institué. (Nouvelles acclamations.) Quand il le sera, il avisera ; de concert avec la Chambre, il aura autorité sur le pays.

M. de Genoude. — Je demande la parole.

M. Crémieux. — Dans l'intérêt du salut public, une grande mesure est nécessaire. Il importe que tout le monde soit d'accord pour proclamer un grand principe et assurer au peuple vainqueur des garanties sérieuses. Ne faisons pas comme en 1830, puisque ce qui fut fait alors, il a fallu le recommencer en 1848. (Très-bien ! — Applaudissements dans les tribunes.)

Instituons un Gouvernement provisoire, non pour régler l'avenir, mais pour régler l'ordre. (Très-bien ! très-bien !)

Nous ne pouvons faire plus en ce moment. (Non ! non !) J'ai le plus grand respect pour madame la duchesse d'Orléans (Bravo !), et j'ai conduit tout-à-l'heure la famille royale à la voiture qui l'a emportée.

Une voix : Bon voyage ! (Murmures.)

M. Crémieux. — La population de Paris a montré le respect le plus profond pour le malheur du roi ; mais nous, qui avons été envoyés ici pour faire des lois, nous ne pouvons pas les abroger.

Or, une loi déjà votée dispose de la régence ; et je n'admets pas qu'elle puisse être abrogée en ce moment.

Croyez-nous, puisque nous en sommes arrivés au point de subir une révolution, confions-nous au pays. Je propose un Gouvernement provisoire de cinq membres.

Des voix nombreuses dans les tribunes : Appuyé ! appuyé !

M. de Genoude. — Messieurs, il n'y a rien sans le concours du pays. En 1830, vous n'avez pas appelé le pays, et vous voyez ce qui vous arrive. Il en sera de même aujourd'hui.

M. Odilon Barrot. — Jamais, Messieurs, nous n'avons eu besoin de plus de sang-froid et de patriotisme. Puissions-nous tous rester unis dans le même sentiment, celui de sauver le pays du fléau d'une guerre civile !

Les nations, sans doute, ne meurent pas ; mais elles peuvent s'affaiblir par les dissentions intestines.

Jamais la France n'a eu plus besoin de toute sa grandeur et de toute sa force. Dans cette situation, notre devoir est tout tracé. Il nous invite à nous rallier à ce qu'il y a de plus généreux dans le cœur de la nation. La couronne de Juillet repose sur la tête d'un enfant et d'une femme. (Vive adhésion dans la plus grande partie de la chambre. Protestations dans les tribunes.)

C'est un appel solennel...

La voix de l'orateur est interrompue. La duchesse d'Orléans s'apprête à prendre la parole ; on ne peut saisir que ces quelques mots : « J'ai ici mes enfants... » Le bruit couvre sa voix ; les personnes qui l'entourent l'obligent à se rasseoir. Le silence se rétablit peu à peu. M. Odilon Barrot, qui n'a pas quitté la tribune, poursuit ainsi :

C'est au nom de la liberté politique dans notre pays, c'est au nom des nécessités de l'ordre surtout, au nom de notre union et de notre accord dans des circonstances si difficiles, que je demande à tout mon pays de se rallier autour de ses représentants, de la révolution de Juillet.

Plus il y a de grandeur et de générosité à maintenir, à relever ainsi la pureté et l'innocence, et plus mon pays s'y dévouera avec courage. Pour moi, je serai heureux de consacrer mon existence, tout ce que j'ai de facultés dans ce monde, à faire triompher cette cause qui est celle de la vraie liberté dans mon pays. (Bravos au centre.)

M. de La Rochejaquelein. — Je demande la parole.

M. Odilon Barrot. — Est-ce que par hasard on prétendrait remettre en question ce que nous avons décidé par la révolution de Juillet? (Très-bien ! très-bien !)

Messieurs, la circonstance est difficile, j'en conviens ; mais il y a dans ce pays de tels éléments de grandeur, de générosité et de bon sens, que je suis convaincu qu'il suffit de leur faire appel, pour que la population de Paris se lève autour de cet étendard. (Oui ! oui !)

Il y a là tous les moyens d'assurer toute la liberté à laquelle ce pays a le droit de prétendre, de la concilier avec toutes les nécessités de l'ordre qui lui sont si nécessaires, de rallier toutes les forces vives de ce pays, et de traverser les grandes épreuves qui lui sont peut-être réservées.

Ce devoir est simple, tracé par l'honneur, par les véritables intérêts du pays ; si nous ne savons pas le remplir avec fermeté, persévérance, courage, je ne sais quelles peuvent en être les conséquences; mais soyez convaincus, comme je le disais en commençant, que celui qui a le courage de prendre la responsabilité d'une guerre civile au sein de notre noble France, celui-là est coupable au premier chef. Celui-là est criminel envers son pays et envers la liberté de la France et du monde entier. (Très-bien!) Quant à moi, je ne veux pas d'un pareil fardeau.

La régence de la duchesse d'Orléans ;

Un ministère pris dans les opinions les plus éprouvées ;

Et de plus l'appel au pays, qui prononcera avec toute sa liberté, dans un cadre légal.

Voilà ce qui convient à la situation. Telle est du moins mon opinion, et quant à moi je ne prendrais pas la responsabilité d'une autre situation.

M. de La Rochejaquelein, qui s'était assis avec M. Berryer, M. Crémieux et plusieurs députés sur un des bancs ordinairement occupés par les ministres, monte à la tribune, et dit : « Je respecte très-profondément l'acte qu'on vient de vous communiquer; moi, je veux montrer à l'honorable M. Odilon Barrot que je n'ai pas la folle prétention de venir élever ici une proposition contraire; mais j'ai le droit de parler ici franchement.

A gauche : C'est un peu tard !

M. de La Rojaquelein. — On vient de vous communiquer un acte sans autorité ; puisque le roi a abdiqué, il n'est plus rien ici.

La voix de l'honorable membre se perd au milieu du tumulte et des cris : A l'ordre !

(En ce moment, une foule d'hommes armés, Gardes Nationaux, étudiants, ouvriers, pénètre dans la salle des séances, et arrive jusqu'à l'hémicycle. Plusieurs sont porteurs de drapeaux. Un tumulte général se produit dans l'assemblée. La plupart des membres siégeant aux bancs des centres, refluent vers les banquettes supérieures. Les cris : Nous voulons la déchéance du roi ! la déchéance ! la déchéance ! sont poussés par ceux qui paraissent marcher à la tête de la foule.)

M. de Mornay. — Monsieur le président, suspendez, mais ne levez pas la séance en ce moment.

M. le président, se couvrant. — Il n'y a point de séance en ce moment.

(Un orateur étranger à la chambre, M. Chevallier, ancien rédacteur de la *Bibliothèque historique*, escalade la tribune. — Cris et confusion générale.)

Messieurs, dit cet orateur, croyez à la modération de mes paroles. (Bruit.) Je viens vous proposer le seul expédient qui puisse vous tirer d'embarras. Si vous voulez sauver la situation, vous n'avez qu'une chose à faire. Ecoutez-moi !... Gardez-vous de proclamer sans droit le comte de Paris ; mais que la duchesse d'Orléans et le comte de Paris aient le courage de se rendre sur les boulevards, au milieu du peuple et de la Garde Nationale, je réponds de leur salut. Si le peuple ne consent pas à lui déférer le pouvoir...

Voix dans la foule. — Vive la République ! (Assez ! assez !)

M. Chevallier. — La seule chose que vous ayez à faire dans ce moment, c'est de nous donner un gouvernement, c'est de le faire à l'instant même ; vous ne pouvez pas laisser toute une population sans magistrats, c'est là le premier besoin que vous ayez à satisfaire... (Le bruit couvre la voix de l'orateur.) Il faut que le comte de Paris soit porté sur le pavois aux chambres.

Un membre de la chambre. — Il est venu ici tout à l'heure ! il est ici !

Les regards se portent vers le sommet de l'amphithéâtre où s'étaient assis la duchesse d'Orléans et ses enfants. Au moment de l'invasion de la salle par la multitude, la princesse, les princes et ceux qui les accompagnaient, étaient sortis par la porte qui fait face à la tribune.

Le couloir était si obstrué, que la duchesse y avait été séparée de ses enfants, qu'avait recueillis momentanément un employé de la chambre. Pour faciliter leur évasion, on leur mit une blouse sur leurs vêtements de deuil. Le comte de Paris pleurait. Ceux qui l'avaient recueilli essayèrent de le consoler.— « Je sais bien pourquoi je pleure, dit-il ; mais je ne le dirai qu'à maman. » Enfin, ils purent rejoindre leur mère. Elle sortit avec eux par le jardin de l'hôtel du président, monta dans une voiture de place, et se rendit à Neuilly, d'où elle put gagner la frontière.

Pendant ce temps, à la chambre, l'assemblée avait pris un de ces aspects qui rappelaient les séances orageuses de la Convention.

Le trouble et la confusion sont à leur comble.

Un citoyen en costume d'officier, qu'on nous dit être M. Dumoulin, commandant de l'Hôtel-de-Ville en Juillet 1830, monte à la tribune et pose sur le marbre la hampe d'un drapeau tricolore.

Messieurs, s'écrie M. Dumoulin, le peuple a reconquis son indépendance et sa liberté aujourd'hui comme en 1830 ; vous savez que le trône vient d'être brisé aux Tuileries et jeté par la fenêtre.

(MM. Crémieux, Ledru-Rollin et de Lamartine paraissent en même temps à la tribune.)

Voix dans la foule. — Plus de Bourbons ! — A bas les traîtres ! — Un gouvernement provisoire immédiatement.

(Clameurs confuses. — Beaucoup de députés se retirent par la porte du fond.)

M. Ledru-Rollin, s'adressant aux hommes de la foule. — Au nom du Peuple que vous représentez, je vous demande le silence.

Voix du Peuple. — Au nom de M. Ledru-Rollin, silence !

M Ledru-Rollin. — Messieurs, au nom du Peuple, je vous demande un peu de silence !

Un homme du Peuple. — Un gouvernement provisoire !

M. Mauguin. — Soyez tranquilles ! vous aurez un gouvernement provisoire !

M. Ledru-Rollin. — Au nom du Peuple partout en armes, maîtres de Paris, quoi qu'on fasse (Oui ! oui !), je viens protester contre l'espèce de gouvernement qu'on est venu proposer à cette tribune. (Très-bien ! très-bien ! — Bravos dans la foule.) Je ne fais pas comme vous une chose nouvelle ; car, en 1842, lors de la discussion de la loi de régence, seul dans cette enceinte, j'ai déclaré qu'elle ne pouvait point être faite sans un appel au Pays. (C'est vrai ! — Très-bien.)

M. de La Rochejaquelein. — Et moi donc !

Une voix. — Oui ! La Rochejaquelein aussi !

M. Ledru-Rollin. — On vient tout-à-l'heure de vous parler de la glorieuse Révolution de 1789. Prenons bien garde que les hommes qui en parlent ainsi n'en connaissent pas le véritable esprit, et ne veuillent pas surtout en respecter la Constitution.

En 1791, dans le texte même de la constitution, on a déclaré que l'assemblée constituante, comprenez-le bien, avec des pouvoirs spéciaux, n'avait pas le droit de faire une loi de régence, et qu'il fallait un appel au pays pour la faire.

Voix nombreuses. — Oui ! Oui ! — C'est évident.

M. Ledru-Rollin. — C'est le texte même de la constitution de 1791.

Or, Messieurs, depuis deux jours nous nous battons pour le droit. Eh bien ! si vous prétendez qu'un gouvernement par acclamation, un gouvernement éphémère qu'emporte la colère révolutionnaire, si vous prétendez que ce gouvernement existe, nous nous battrons encore au nom de la constitution de 1791 qui plane sur le pays, qui plane sur notre histoire, et qui veut qu'il y ait un appel fait à la nation pour qu'une régence soit possible.

Une voix. — Ce n'est pas possible autrement.

M. Ledru-Rollin. — Ainsi pas de régence possible.

Voix nombreuses. — Nous n'en voulons pas !

M. Ledru-Rollin. — Pas de régence possible, ainsi qu'on vient d'essayer de l'implanter d'une façon que je dirais véritablement singulière et usurpatrice.

Comment, tout-à-coup, sans nous laisser délibérer, vous-même majorité, venir briser la loi que vous avez faite contre nos efforts en 1842 ! Vous ne le voudriez pas. C'est un expédient qui n'a pas de racines dans le pays.

Au nom même du droit que, dans les révolutions même, il faut savoir respecter, car on n'est fort que par le droit, je proteste au nom du peuple contre votre nouvelle usurpation. Bravo! bravo! — Vive Ledru-Rollin!

Vous avez parlé d'ordre, d'effusion de sang. Ah! l'effusion de sang nous touche, car nous l'avons vue d'aussi près que personne. Eh bien! nous vous déclarons encore ceci : L'effusion de sang ne peut cesser que quand le principe et le droit seront satisfaits; et ceux-là qui viennent de se battre se battront ce soir si l'on méconnaissait leurs droits. (Oui! Oui!)

Au nom de ce peuple qui est tout, je vous demande quelle espèce de garanties votre gouvernement, qu'on intronisait, qu'on essayait d'introniser tout-à-l'heure, quelles garanties il nous donne? (Bravos dans la foule.)

Une personne qui s'est assise sur les bancs du centre, en face de la tribune, se lève et s'écrie : « Je déclare que les paroles qui sont proférées ici... » (Interruption.)

Les députés qui se trouvent placés auprès de cette personne l'invitent à se taire. — Non! non! s'écrie-t-elle, je proteste... (Bruit général.) — L'interlocuteur est entraîné hors de la salle par les efforts mêmes des députés.

M. Berryer, s'adressant à M. Ledru-Rollin. — Pressez la question! concluez! un gouvernement provisoire!

M. Ledru-Rollin. — Messieurs, en parlant ainsi au nom du peuple, j'ai la prétention, je le répète, de rester dans le droit, et j'invoque deux souvenirs. (Concluez! concluez!)

En 1815, Napoléon a voulu abdiquer en faveur

du roi de Rome. Le pays était debout, le pays s'y est refusé.

En 1830, Charles X a voulu abdiquer pour son petit-fils ; le pays était debout, le pays s'y est refusé.

M. Berryer. — Concluez ! nous connaissons l'histoire.

M. Ledru-Rollin. — Aujourd'hui, le pays est debout, et vous ne pouvez rien faire sans le consulter.

Je demande donc, pour me résumer, un gouvernement provisoire (Oui ! oui !), non pas nommé par la Chambre (Non ! non !), mais par le peuple. Un gouvernement provisoire, et un appel immédiat à une convention qui régularise les droits du peuple. (Bravo ! bravo !)

(M. de Lamartine, qui est resté à la tribune, s'avance pour prendre la parole.)

Plusieurs voix. — Lamartine ! Lamartine ! (Les applaudissements éclatent. — Écoutez ! écoutez !)

M. de Lamartine. — Messieurs, je partage aussi profondément que qui que ce soit parmi vous le double sentiment qui a agité tout-à-l'heure cette enceinte, en voyant un des spectacles les plus touchants que puissent présenter les annales humaines, celui d'une princesse auguste se défendant avec son fils innocent, et venant se jeter du milieu d'un palais désert au milieu de la représentation du peuple. (Très-bien ! très-bien ! — Ecoutez ! écoutez ! — On n'a pas entendu ! répétez !)

Je demande à répéter ma phrase et je vous prie d'attendre celle qui va la suivre. Je disais, Messieurs, que j'avais partagé aussi profondément que qui ce soit dans cette enceinte le double sentiment qui l'avait agitée tout-à-l'heure. Et ici je ne fais

5*

aucune distinction, car le moment n'en veut pas, entre la représentation Nationale et la représentation des citoyens, de tout le peuple, et de plus, c'est le moment de l'égalité, et cette égalité ne servira, j'en suis sûr, qu'à faire reconnaître la hiérarchie de la mission que des hommes spéciaux ont reçue de leur pays, pour donner non pas l'apaisement, mais le premier signal du rétablissement de la concorde et de la paix publique. (Bravo! bravo !)

Mais, Messieurs, si je partage cette émotion, qu'inspire ce spectacle attendrissant des grandes catastrophes humaines, si je partage le respect qui vous anime tous à quelque opinion que vous apparteniez dans cette enceinte, je n'ai pas partagé moins vivement le respect pour ce peuple glorieux qui combat depuis trois jours pour renverser un gouvernement perfide, et pour rétablir sur une base désormais inébralable l'empire de l'Ordre et l'empire de la Liberté. (Applaudissements.)

Mais, Messieurs, je ne me fais pas l'illusion qu'on se faisait tout-à-l'heure à cette tribune ; je ne me figure pas qu'une acclamation spontanée arrachée à une émotion et à un sentiment public, puisse constituer un droit solide et inébranlable et un gouvernement de 35 millions d'hommes.

Je sais que ce qu'une acclamation proclame, une autre acclamation peut l'emporter, et quel que soit le gouvernement qu'il plaise à la sagesse et aux intérêts de ce pays de se donner, dans la crise où nous sommes il importe au peuple, à toutes les classes de la population, à ceux qui ont versé quelques gouttes de leur sang dans cette lutte, de cimenter un gouvernement populaire, solide, inébranlable enfin. (Applaudissements.)

Eh bien ! Messieurs, comment le faire ? Comment le trouver parmi ces éléments flottants, dans cette tempête où nous sommes tous emportés, et où une vague vient surmonter à l'instant même la vague qui vous a emportés dans cette enceinte ! Comment trouver cette base inébranlable, en descendant dans le fond même du pays, en allant extraire, pour ainsi dire, ce grand mystère du droit national, d'où sort tout ordre, toute vérité, toute liberté ? C'est pour cela que, loin d'avoir recours à ces subterfuges, à ces surprises, à ces émotions, dont un pays, vous le voyez, se repent tôt ou tard (oui ! oui !) ; lorsque ces fictions viennent à s'évanouir, en ne laissant rien de solide, de permanent, de véritablement populaire et d'inébranlable sous les pas du pays ; c'est pour cela que je viens appuyer de toutes mes forces la double demande que j'aurais faite le premier à cette tribune, si on m'avait laissé monter au commencement de la séance, la demande, d'abord d'un gouvernement, je le reconnais, de nécessité, d'ordre public, de circonstance, d'un gouvernement qui étanche le sang qui coule, d'un gouvernement qui arrête la guerre civile entre les citoyens... (Acclamations.)

(L'un des hommes de la foule, qui est debout dans l'hémicycle, remet son sabre dans le fourreau, en disant : Bravo ! bravo !)

M. de Lamartine. — D'un gouvernement qui suspende ce malentendu terrible qui existe depuis quelques années entre les différentes classes de citoyens, et qui, en nous empêchant de nous reconnaître pour un seul peuple, nous empêche de nous aimer et de nous embrasser. (Très-bien ! très-bien !)

Je demande donc que l'on constitue à l'instant,

du droit de la paix publique, du droit du sang qui coule, du droit du peuple qui peut être affamé du glorieux travail qu'il accomplit depuis trois jours, je demande que l'on constitue un gouvernement provisoire (bravo! bravo!...) un gouvernement qui ne préjuge rien, ni de nos droits, ni de nos ressentiments, ni de nos sympathies, ni de nos colères, sur le gouvernement définitif qu'il plaira au pays de se donner quand il aura été consulté. (C'est cela ! c'est cela !) Je demande donc un gouvernement provisoire. (Oui! oui!)

De toutes parts. — Les noms des membres du gouvernement provisoire.

Plusieurs personnes présentent une liste à M. de Lamartine.

M. de Lamartine. — Attendez! Ce gouvernement provisoire aura pour mission, selon moi, pour première et grande mission, 1° d'établir la trève indispensable, et la paix publique entre les Citoyens; 2° de préparer à l'instant les mesures nécessaires pour convoquer le pays tout entier, et pour le consulter, pour consulter la Garde Nationale tout entière (oui! oui!); le pays tout entier, tout ce qui porte dans son titre d'homme les droits du citoyen. (Applaudissements prolongés.)

Un dernier mot.

Les pouvoirs qui se sont succédé depuis quarante ans.....

(A ce moment, on entend retentir au-dehors des coups violents aux portes de l'une des tribunes publiques. Les portes cèdent bientôt sous des coups de crosses de fusil. Des hommes du Peuple, mêlés de Gardes Nationaux, y pénètrent en criant : « A bas la chambre! pas de députés! » Un de ces hommes a poussé le canon de son fusil dans la direction du bureau. Les cris : « Ne tirez pas ! ne tirez pas ! c'est M. de Lamartine qui parle ! » retentissent avec force. Sur les instances de ses camarades, l'homme relève son fusil.)

M. le président, qui est resté au fauteuil, réclame le silence en agitant violemment sa sonnette.

(Le bruit et le tumulte acquièrent la plus grande intensité.)

M. le président. — Puisque je ne puis obtenir le silence, je déclare la séance levée.

(M. Sauzet quitte le fauteuil après avoir prononcé ces paroles.)

Ici, l'assemblée de la chambre des députés cesse ; mais le Peuple, armé de fusils, de sabres, mêlé aux Gardes Nationaux, et un certain nombre de députés de la gauche, restent dans la salle.

Après quelques instants de tumulte, M. Dupont (de l'Eure) monte au fauteuil. Il est entouré d'un grand nombre de personnes étrangères à la chambre.

M. de Lamartine est toujours à la tribune.

Voix nombreuses. — Les noms ! les noms des membres du Gouvernement provisoire !

M. de Lamartine s'efforce de dominer le bruit que ces exhortations ne parviennent pas à calmer.

Quelques voix. — Dupont (de l'Eure) ! Dupont (de l'Eure) !

D'autres voix. — Il est au fauteuil. Silence ! écoutez-le ! (Oui ! oui !)

M. de Lamartine, au milieu du bruit. — Je vais lire les noms.

Voix nombreuses. — Silence ! silence !

M. de Lamartine. — Messieurs, je vais lire les noms. (Le bruit continue.)

MM. Arago, Carnot... (Le tumulte va toujours croissant.)

M. S... — M. Dupont (de l'Eure) va nommer le Gouvernement provisoire. (De longs bravos éclatent sur tous les bancs.)

M. Chevallier. — Si vous voulez faire quelque chose, laissez donc parler!

M. Marion, député, à M. de Lamartine. — Ne quittez pas la tribune!

Une voix. — Écoutez donc la proclamation des noms !

Un homme armé d'un fusil. — Nous ne demandons qu'un moment de silence ; nous voulons seulement entendre les noms des personnes qui composeront le Gouvernement.

Une autre personne. — Du silence dépend le salut de tous. Je le réclame pour qu'on puisse entendre M. Dupont (de l'Eure).

Une voix. — M. Dupont (de l'Eure) avant tout !

Une autre voix. — Vive la République !

(Beaucoup de personnes pressent et entourent M. de Lamartine, et l'engagent à attendre le rétablissement du silence pour parler.)

Au nom du Peuple, s'écrie l'une d'elles, du silence ! Laissons parler M. de Lamartine.

M. de Lamartine. — Un moment de silence, Messieurs. (Le silence se rétablit un instant.)

Messieurs, la proposition qui a été faite, que je suis venu soutenir et que vous avez consacrée par vos acclamations à cette tribune, est accomplie. Un Gouvernement provisoire va être proclamé nominativement. (Bravo ! bravo ! — Vive Lamartine !)

Maintenant, Messieurs.....

Voix nombreuses. — Nommez-les ! nommez-les !

M. de Lamartine. — On va les nommer.

(M. de Lamartine, après avoir attendu quelques instants que le calme se rétablisse, se retire sur le derrière de la tribune.)

(M. Dumoulin monte à la tribune et cherche à se faire entendre, mais le bruit continuel empêche de saisir ses paroles.)

M. Dumoulin, debout sur le bureau des secrétaires de la chambre. — Messieurs, on vous demande un peu de silence pour proclamer les noms du Gouvernement provisoire ; si vous ne faites silence, vous n'entendrez rien et nous n'aboutirons à rien. (Oui ! silence !)

M. Dupont (de l'Eure). — On vous propose de former le Gouvernement provisoire. (Oui ! oui ! silence !)

Les sténographes. — Silence ! On répétera les noms.

M. Dupont (de l'Eure). — Voici les noms. (Silence.)

Voix nombreuses. — Nommez ! nommez !

M. Dupont (de l'Eure). — Arago, Lamartine, Dupont (de l'Eure), Crémieux... (Bruit et agitation.)

M. de Lamartine. — Silence, Messieurs ! Si vous voulez que les membres du Gouvernement provisoire acceptent la mission que vous leur aviez confiée, il faut au moins que la proclamation en soit faite. Notre honorable ami ne peut se faire entendre au milieu de ce bruit.

Une voix. — Il faut qu'on sache que le Peuple ne veut pas de royauté. La république !

Plusieurs voix. — Délibérons immédiatement.

Une voix. — Assis, assis, allons nous asseoir. Prenons la place des vendus.

Une autre voix. — Plus de Bourbons, un Gouvernement provisoire, et ensuite la République.

M. de La Rochejacquelein. — Ils ne l'auront pas volé ; c'est un prêté rendu.

Une voix. — Un moment de silence, sinon nous n'aboutirons à rien.

Une autre voix. — Nous demandons qu'on proclame la république.

M. Dupont (de l'Eure) lit successivement les noms suivants qui sont répétés à haute voix par plusieurs sténographes :

M. Lamartine. (Oui ! oui !)

M. Ledru-Rollin. (Oui ! oui !)

M. Arago. (Oui ! oui !)

M. Dupont (de l'Eure). Oui ! oui !)

Une voix. — M. Bureaux de Puzy.

M. Bureaux de Puzy fait un geste de refus.

M. Dupont (de l'Eure). M. Marie. (Oui ! oui ! non !)

Quelques voix. — Georges Lafayette. (Oui ! non ! non !

Voix nombreuses. — La République ! la République !

Une voix. — Il faut que les membres du Gouvernement provisoire crient : Vive la République ! avant d'être nommés et acceptés.

Une autre voix. — Je demande la destitution de tous les députés absents.

Une voix dans le peuple. — Il faut conduire le Gouvernement provisoire à l'Hôtel-de-Ville. Nous voulons un Gouvernement sage, modéré ; pas de sang, mais nous voulons la République !

M. Bocage. — A l'Hôtel-de-Ville, Lamartine en tête !

M. de Lamartine sort de la chambre, accompagné d'un grand nombre de citoyens.

Après son départ, le tumulte continue dans la portion de la foule qui reste disséminée sur les bancs de la chambre, dans l'hémicycle et dans les couloirs.

M. Ledru-Rollin. — Citoyens! vous comprenez que vous faites ici un acte grave en nommant un Gouvernement provisoire.

Voix diverses. — Nous n'en voulons pas! — Si! si! il en faut un!

M. Ledru-Rollin. — Dans des circonstances comme celles où nous sommes, ce que tous les Citoyens doivent faire, c'est d'accorder silence et de prêter attention aux hommes qui veulent se constituer ses représentants. En conséquence, écoutez-moi :

Nous allons faire quelque chose de grave. Il y a eu des réclamations tout-à-l'heure. Un gouvernement provisoire ne peut pas se nommer d'une façon légère. Voulez-vous me permettre de vous dire les noms qui semblent proclamés par la majorité (Silence! — Ecoutez! écoutez!)

A mesure que je lirai les noms, suivant qu'ils vous conviendront ou qu'ils ne vous conviendront pas, criez *oui* ou *non* (Très-bien! Ecoutez!); et, pour faire quelque chose d'officiel, je prie MM. les sténographes du *Moniteur* de prendre note des noms à mesure que je les prononcerai, parce que nous ne pouvons pas présenter à la France des noms qui n'auraient pas été approuvés par vous. (Parlez! parlez!)

Je lis :

Dupont (de l'Eure). (Oui! oui!)

Arago. (Oui! oui!)

Lamartine. (Oui ! oui !)

Ledru-Rollin. (Oui ! oui !)

Garnier-Pagès. (Oui ! oui ! — Non !)

Marie. (Oui ! oui ! — Non !)

Crémieux, (Oui ! oui !)

Une voix dans la foule. — Crémieux ! mais pas Garnier-Pagès. (Si ! si ! — Non !) Il est mort, le bon !

D'autres voix. — Taisez-vous ! — A l'ordre !

M. Ledru-Rollin. — Que ceux qui ne veulent pas lèvent la main. (Non ! non ! — Si ! si !)

Je demande à ajouter un mot. Permettez, Messieurs.

Le Gouvernement provisoire qui vient d'être nommé a de grands, d'immenses devoirs à remplir. On va être obligé de lever la séance pour se rendre au sein du Gouvernement, et prendre toutes les mesures nécessaires pour que l'effusion du sang cesse, afin que les droits du peuple soient consacrés.

Cris nombreux. — Oui ! oui ! à l'Hôtel-de-Ville !

Un élève de l'Ecole Polytechnique. — Vous voyez qu'aucun des membres de votre Gouvernement provisoire ne veut la République ! Nous serons trompés comme en 1830.

Plusieurs voix. — Vive la République !

Autres voix. — Vive la République et M. Ledru-Rollin ! A l'Hôtel-de-Ville ! à l'Hôtel-de-Ville !

Un jeune homme. — Ce n'est pas à l'Hôtel-de-Ville qu'est le centre du Gouvernement, c'est ici !

M. Ledru-Rollin se retire suivi de plusieurs citoyens.

La foule qui avait envahi la salle commence à diminuer.

Un jeune homme, qui paraît être un étudiant, s'efforce, sans pouvoir y parvenir, de se faire entendre à la tribune.

Un citoyen monte sur le marbre de la tribune en brandissant une arme, et crie : Vive la République ! Partons pour l'Hôtel-de-Ville !

Un jeune homme monte à la tribune. — Plus de liste civile!

Un autre. — Plus de royauté !

Quelqu'un appelle tout-à-coup l'attention sur le grand tableau placé au-dessus du bureau et derrière le fauteuil de la présidence, qui représente la prestation de serment de Louis-Philippe à la Charte, et les cris : « Il faut le déchirer ! il faut le détruire ! » se font immédiatement entendre.

Des hommes qui sont montés sur le bureau se disposent à donner des coups de sabre et d'épée dans le tableau.

Un ouvrier, armé d'un fusil double, qui se trouve dans l'hémicycle, s'écrie : « Attendez ! je vais tirer sur Louis-Philippe ! » Au même instant deux coups de feu éclatent. (Cris divers.)

Un autre ouvrier s'élance immédiatement à la tribune, et prononce ces mots :

« Respect aux monuments ! respect aux propriétés ! Pourquoi détruire ? Pourquoi tirer des coups de fusils sur ces tableaux ? Nous avons montré qu'il ne faut pas mal mener le peuple ; montrons maintenant que le peuple sait respecter les monuments et honorer sa victoire ! »

Ces paroles, prononcées avec énergie et une véritable éloquence, sont couvertes d'applaudissements.

On s'empresse autour du brave ouvrier, et on

lui demande son nom. Il déclare se nommer Théodore Six, ouvrier tapissier.

Tout le monde se retire.

La salle est bientôt complètement évacuée.

Il est quatre heures passées.

On se rend à l'Hôtel-de-Ville.

Des masses bien intentionnées, mais désordonnées, le Peuple encore inquiet de son triomphe et défiant de sa victoire, avaient inondé de leurs colonnes la place, les rues adjacentes, les escaliers, les salles de l'Hôtel-de-Ville.

Le cortège traversa cette foule ; mais le Gouvernement, sans cesse obsédé, interpellé, contredit, menacé, ne put de longtemps délibérer que sous la pression d'une multitude armée, et au bruit des portes qui cédaient à tout instant sous les efforts de ces masses toujours renaissantes. En vain MM. Crémieux, de Lamartine, Dupont (de l'Eure), Marie, Louis Blanc avaient à plusieurs reprises harangué ces masses; en vain M. de Lamartine, surtout, avait fait des efforts surnaturels de force physique et de force morale contre le désordre. A peine un résultat était-il obtenu, qu'une autre colonne de peuple, armée de sabres, de fusils et de baïonnettes, se présentait de nouveau sur la place, au bruit des coups de fusil. Elle était encore teinte du sang et couverte des cadavres des chevaux ; il fallait, chaque demi-heure, recommencer une résistance. Puis, à tout instant, la place était traversée par des brancards, où le peuple apportait les corps morts des individus tués dans les combats des deux journées. Une salle de l'Hôtel-de-Ville était encombrée de ces cadavres, et ce spectacle était trop propre à exciter dans l'ame du peuple la vengeance et la sédition.

La séance, cependant, se poursuivait. Le Gouvernement républicain avait été proclamé, et le Gouvernement provisoire, précédé de M. de Lamartine, à qui M. Dupont (de l'Eure) avait cédé la présidence, épuisé par des efforts au-dessus de ses forces, descendit sur le perron de l'Hôtel-de-Ville, en face de cette multitude. Les cris de : Vive Lamartine ! vive Dupont (de l'Eure)! Vivent les membres du Gouvernement provisoire ! accueillent la présence de ces citoyens et de ces ministres. M. de Lamartine, après quelques mots dans lesquels il annonça au peuple le plus sublime décret qui soit jamais sorti de la bouche d'une nation encore toute palpitante des combats qu'elle venait de livrer, lut le décret qui abolissait la peine de mort en matière politique : « C'est là, dit-il en terminant, c'est là ce « qui fera descendre du Ciel la bénédiction dont les « œuvres des hommes ont besoin pour être éter-« nelles. »

Un violent coup de tonnerre qui, à ce moment même, éclata, sembla vouloir donner la sanction céleste à ces nobles paroles.

Après cette séance en plein air, le gouvernement provisoire remonta dans cette même grande salle de l'Hôtel-de-Ville, où se sont déjà passés tant d'actes mémorables de nos grands drames révolutionnaires. Le gouvernement provisoire y vaqua pendant deux heures aux innombrables affaires dont il était assiégé. M. de Lamartine descendit ensuite seul pour s'échapper obscurément par un coin de la place; mais, bientôt reconnu, à l'instant il fut reconduit en triomphe jusque chez lui, où il harangua pour la dernière fois la foule, en faisant appel à toutes ses vertus, et en lui disant que chaque fois qu'un gouvernement ou un homme saurait trouver l'ame du

Peuple français et s'adresser directement et avec confiance à la vertu que Dieu a mise dans ses instincts, il n'y avait rien de grand, rien qu'on ne pût leur demander et en obtenir avec certitude, sans crainte de se voir jamais démenti de ce Peuple.

Telle fut cette journée du 24.

JOURNÉE DU 25 FÉVRIER.

Ce n'était pas tout d'avoir détruit, il fallait encore réédifier, et l'œuvre d'organisation s'opérait avec autant de rapidité que s'était opérée celle de destruction. Le Gouvernement provisoire semblait vouloir lutter, avec le peuple, d'énergie et d'activité. Ainsi, par exemple, dès le 25, le Gouvernement provisoire publia les proclamations, décisions ou arrêtés suivants :

ACTES DU GOUVERNEMENT PROVISOIRE.

Au Peuple Français !

Un gouvernement rétrograde et oligarchique vient d'être renversé par l'héroïsme du peuple de Paris.

Ce gouvernement s'est enfui en laissant derrière lui la trace de sang qui lui défend de revenir jamais sur ses pas.

Le sang du peuple a coulé comme en juillet ; mais, cette fois, ce généreux sang ne sera pas trompé : il a conquis un Gouvernement national et populaire, en rapport avec les droits, les progrès et la volonté de ce généreux peuple.

Un gouvernement provisoire sorti, d'acclamation et d'urgence, de la voix du peuple et des Députés des départements dans la séance du 24 février, est investi momentanément du soin d'organiser et d'assurer la victoire.

Il est composé de Messieurs :

Dupont (de l'Eure), Lamartine, Crémieux, Arago,

(de l'Institut), Ledru-Rollin, Garnier-Pagès, Marie, Louis Blanc, Armand Marrast, Flocon, Albert Bouvier, secrétaire des délibérations.

Dumon, Alexandre, de Montaigu et Maurin, sous-secrétaires des délibérations.

M. Dupont (de l'Eure) a été nommé Président du conseil des Ministres sans portefeuille.

MM. de Lamartine, Ministre des affaires étrangères.

Arago,	à la marine.
Crémieux,	à la justice.
Bedeau,	à la guerre.
Marie,	aux travaux publics.
Ledru-Rollin,	à l'intérieur.
Bethmont,	au commerce.
Carnot,	à l'instruction publique.
Goudchaux,	aux finances.

Sont aussi nommés :

Le général Cavaignac, gouverneur de l'Algérie.
Garnier-Pagès, maire de Paris.

Les autres maires sont maintenus provisoirement, ainsi que les adjoints, sous le nom de maires-adjoints d'arrondissement.

La préfecture de police est sous les ordres du maire de Paris. Elle sera constituée sous un autre titre.

La garde municipale est licenciée.

La garde de la ville de Paris est confiée à la garde nationale, sous les ordres de de Courtais, commandant supérieur de la garde nationale de Paris.

M. Étienne Arago est nommé commissaire du Gouvernement provisoire près la direction générale des postes.

M. Guinard est nommé chef d'état-major général de la Garde Nationale de Paris.

M. Buchez est nommé adjoint au maire de Paris.

M. Recurt, adjoint au maire de Paris, est délégué du maire de Paris près la préfecture,

Le Gouvernement provisoire nomma, en outre, pour aller faire reconnaître la République dans les départements, des Commissaires au nombre desquels étaient A. Thouret, ancien gérant du journal la *Révolution* de 1830, et Delécluze à Lille, Em. Arago à Lyon, Neuson à Nîmes.

Les actes suivants furent immédiatement proclamés.

Citoyens!

Le gouvernement provisoire déclare que le gouvernement actuel de la France est le GOUVERNEMENT RÉPUBLICAIN, et que la Nation sera appelée immédiatement à ratifier, par son vote, la résolution du gouvernement provisoire et du Peuple de Paris.

AU NOM DU PEUPLE FRANÇAIS!

Abolition de la royauté.

La royauté, sous quelque forme que ce soit, est abolie.

Plus de légitimisme, plus de bonapartisme, pas de régence.

Le gouvernement provisoire a pris toutes les mesures nécessaires pour rendre impossible le retour de l'ancienne dynastie et l'avènement d'une dynastie nouvelle.

La République est proclamée.

Le Peuple est uni.

Tous les forts qui environnent la capitale sont à nous.

La brave garnison de Vincennes est une garnison de frères.

Conservons avec respect ce vieux drapeau républicain, dont les trois couleurs ont fait avec nos pères le tour du monde.

Montrons que ce symbole d'égalité, de liberté, de fraternité, est en même temps le symbole de l'ordre et de l'ordre le plus réel, le plus durable, puisque la justice en est la base et le Peuple entier l'instrument.

Le Peuple a déjà compris que l'approvisionnement de Paris exigeait une plus libre circulation dans les rues de Paris, et les mains qui ont élevé les barricades ont, dans plusieurs endroits, fait dans ces barricades une ouverture assez large pour le libre passage des voitures de transport.

Que cet exemple soit suivi partout; que Paris reprenne son aspect accoutumé, le commerce son activité et sa confiance; que le Peuple veille à la fois au maintien de ses droits, et qu'il continue d'assurer, comme il l'a fait jusqu'ici, la tranquillité et la sécurité publiques.

Les membres du gouvernement provisoire de la République.

AU NOM DU PEUPLE FRANÇAIS.

Le gouvernement provisoire arrête :

La chambre des députés est dissoute.

Il est interdit à la chambre des pairs de se réunir.

Une Assemblée nationale sera convoquée aussitôt que le gouvernement provisoire aura réglé les mesures d'ordre et de police nécessaires pour le vote de tous les Citoyens.

Le gouvernement provisoire décrète :

Les fonctionnaires de l'ordre civil, militaire, judiciaire et administratif, sont déliés de leur serment.

Autre :

Les Gardes nationales dissoutes par le précédent gouvernement sont réorganisées de droit. Elles reprendront immédiatement leur service dans toute l'étendue de la République.

Autre :

Le Gouvernement provisoire déclare que le drapeau national est le drapeau tricolore, dont les couleurs seront rétablies dans l'ordre qu'avait adopté la République française ; sur ce drapeau sont écrits ces mots : RÉPUBLIQUE FRANÇAISE, LIBERTÉ, ÉGALITÉ, FRATERNITÉ, trois mots qui expliquent le sens le plus étendu des doctrines démocratiques, dont ce drapeau est le symbole, en même temps que ses couleurs en continuent les traditions.

Comme signe de ralliement, et comme souvenir de reconnaissance pour le dernier acte de la révolution populaire, les Membres du Gouvernement provisoire et les autres autorités porteront la rosette rouge, laquelle sera placée aussi à la hampe du drapeau.

Autre :

Vingt-quatre bataillons de garde nationale mobile seront immédiatement recrutés dans la ville de Paris.

L'enrôlement commence dès aujourd'hui, à midi, dans les douze mairies d'arrondissement où se trouvera son domicile.

Ces gardes nationaux recevront une solde de *un franc cinquante centimes* par jour, et seront habillés et armés aux frais de la patrie.

Le ministre de la guerre est chargé de se concerter avec le commandant général des gardes nationales de la Seine, pour l'organisation, la prompte instruction et l'armement des susdits bataillons.

Autre :

Les enfants des citoyens morts en combattant sont adoptés par la patrie.

La République se charge de tous les secours à donner aux blessés et aux familles des victimes du gouvernement monarchique.

Autre :

Le Gouvernement provisoire de la République française décrète :

Les Tuileries serviront désormais d'asyle aux invalides du travail.

Autre :

Le Gouvernement provisoire décrète l'établissement immédiat d'ateliers nationaux.

Le ministre des travaux publics est chargé de l'exécution du présent décret.

Autre :

Le Gouvernement provisoire, convaincu que la grandeur d'ame est la suprême politique, et que chaque révolution opérée par le Peuple français doit au monde la consécration d'une vérité philosophique de plus ;

Considérant qu'il n'y a pas de plus sublime principe que l'inviolabilité de la vie humaine ;

Considérant que dans les mémorables Journées où nous sommes, le Gouvernement provisoire a constaté avec orgueil que pas un cri de vengeance ou de mort n'est sorti de la bouche du peuple ;

Que, dans sa pensée, la peine de mort est abolie en matière politique, et qu'il présentera ce vœu à la ratification définitive de l'Assemblée nationale ;

Le Gouvernement provisoire a une si ferme conviction de la vérité, qu'il proclame au nom du Peuple français que, si les hommes coupables qui viennent de faire couler le sang de la France étaient dans les mains du peuple, il y aurait, à ses yeux, un châtiment plus exemplaire à les dégrader qu'à les frapper.

Autre :

DÉPARTEMENT DE LA POLICE.

Nous, délégués par la République française, au département de la police,

Ordonnons aux boulangers, s'ils manquent du bois nécessaire pour la cuisson du pain, de se pourvoir auprès du premier marchand de bois à leur portée, et ordonnons, au nom de la République française, à tous les citoyens, d'y prêter main forte au besoin.

Paris, le 25 février 1848.

Signé CAUSSIDIÈRE et SOBRIER.

Autre :

Les élèves de l'École Polytechnique et les Citoyens de Bassano et de Solms sont chargés de veiller à l'exécution pleine et entière des arrêtés pris par le Gouvernement provisoire de la République, pour les subsistances de toute nature.

Ils tiendront la main à ce que les marchands de comestibles, notamment les boulangers, soient suffisamment approvisionnés. Tous pouvoirs leur sont donnés à cet égard, et, à cet effet, ils se rendront aux halles et entrepôts, et s'assureront de la mise en état complète des approvisionnements; ils sont autorisés à requérir la force armée pour en assurer les délivrances.

Ils devront aussi, et les Citoyens gardiens des barricades devront les aider dans cette grande mission, faire en sorte que la circulation soit assez libre pour permettre les arrivages.

Aujourd'hui que Vincennes et les forts sont pris, il n'y a plus de nécessité aussi grande de se garder contre une invasion nouvelle.

Autre :

ÉCHÉANCES DES EFFETS DE COMMERCE.

Attendu que, depuis le 22 février, la circulation des correspondances et effets de commerce dans la ville de Paris se trouve suspendue;

Attendu que les Citoyens occupés à la défense commune ont dû suspendre le cours de leurs paiements;

Considérant l'urgence des circonstances, sur la proposition du ministre des finances,

Décrète :

Art. 1er. — Les échéances des effets de commerce payables à Paris, depuis le 22 février jusqu'au 15 mars prochain inclusivement, seront prorogées de dix jours, de manière à ce que les effets échus le 22 février ne soient payables que le 3 mars, et ainsi de suite.

Art. 2. — Tous protêts, recours en garantie et prescriptions mentionnés à l'article 1er, sont également suspendus et prorogés pendant dix jours.

Art. 3. — Le ministre des finances est plus spécialement chargé de l'exécution du présent décret.

Autre :

Au nom de la Patrie, le Gouvernement provisoire de la République témoigne hautement sa reconnaissance aux élèves de l'École Polytechnique et des autres Écoles, dont l'admirable dévouement ne s'est pas un seul instant démenti.

Autre :

Tout ce qui concerne la direction des beaux-arts et des musées, autrefois dans les attributions de la liste civile, constituera une division du ministère de l'intérieur.

Le jury chargé de recevoir les tableaux aux expositions annuelles, sera nommé par élection.

Les artistes seront convoqués à cet effet par un prochain arrêté.

Le salon de 1848 sera ouvert le 15 mars.

Autre :

Les objets engagés au mont-de-piété depuis le 1er février, et consistant en linge, vêtements, hardes, etc., dont le prêt ne dépassera pas dix francs, seront rendus aux déposants.

Le ministre des finances est chargé de pourvoir à la dépense qu'occasionnera l'exécution du présent décret.

Autre.

Le Gouvernement provisoire de la République s'engage à garantir l'existence de l'ouvrier par le travail ;

Il s'engage à garantir du travail à tous les Citoyens ;

Il reconnaît que les ouvriers doivent s'associer entre eux pour jouir du bénéfice légitime de leur travail.

Le Gouvernement provisoire rend aux ouvriers, auxquels il appartient, le million qui va échoir de la liste civile.

Autre :

Dans la plupart des ministères, des mesures ont été prises pour qu'aucune branche du service n'éprouve d'interruption, et pour organiser sans délai tout ce qui est à organiser.

Le ministre de l'intérieur a adressé une circulaire aux préfets pour les inviter à faire proclamer immédiatement le Gouvernement républicain, et à l'informer des dispositions qu'ils auront prises.

Des ordres ont été nouvellement donnés pour que tous les condamnés politiques soient rendus à la liberté. On a donné l'ordre de remettre à chacun d'eux la somme nécessaire pour rentrer dans sa famille. Des ordres sont donnés pour l'armement régulier de toute la population de Paris. Les Citoyens qui ne font pas partie de la Garde Nationale seront, en attendant une organisation définitive, formés en bataillons; ils choisiront eux-mêmes leurs officiers.

On répandait des bruits alarmants pour les propriétés. Les auteurs de ces imputations mensongères ne pouvaient être que des ennemis du Gouvernement républicain que le Peuple venait de conquérir par sa glorieuse victoire. Le Gouvernement provisoire prit un arrêté qui condamnait à mort tout voleur pris en flagrant délit.

Des hommes mal intentionnés dégradaient des monuments; l'arrêté suivant fut publié :

« Point de dévastations! point de désordres!

« Le pouvoir fait appel au patriotisme de tous les bons Citoyens contre les déplorables tentatives de quelques hommes égarés ou malveillants. Cet appel sera entendu.

« Dévaster ou dégrader des édifices publics, propriété de la Nation, c'est porter préjudice à la Nation. C'est de plus une impiété contre le peuple dont les mains et le travail ont élevé ces monuments. Respectons le peuple dans ses œuvres.

« (Les Membres du Gouvernement provisoire.) »

D'autres malveillants portaient l'alarme dans la cité triomphante, disant que les machines, les appareils et notamment les presses mécaniques seraient menacés ; les ouvriers y répondaient eux-mêmes par la lettre suivante qui les honore :

« Frères !

« Nous apprenons qu'au milieu de la joie du triomphe, quelques uns des nôtres, égarés par de perfides conseils, veulent ternir la gloire de notre Révolution par des excès que nous réprouvons de toute notre énergie : ils veulent briser les presses mécaniques !

« Frères, ceux-là ont tort : nous souffrons comme eux les perturbations entraînées par l'introduction des machines dans l'industrie ; mais au lieu de nous en prendre aux inventions qui abrègent le travail et multiplient les productions, nous n'accusons de nos douleurs que les gouvernements égoïstes et imprévoyants. Il ne peut plus en être de même à l'avenir.

« Respect donc aux machines. D'ailleurs, s'attaquer aux mécaniques, c'est ralentir, c'est étouffer la voix de la Révolution ; c'est, dans les graves circonstances où nous sommes, faire œuvre de mauvais Citoyens. »

(*Suivent les Signatures.*)

RÉSIDENCES QUI ONT APPARTENU A LA ROYAUTÉ DÉCHUE.

Le Maire de Paris, averti que des Citoyens ont manifesté l'intention de détruire les résidences qui ont appartenu à la royauté déchue, afin de faire disparaître jusqu'aux derniers vestiges de la tyrannie;

Leur rappelle que ces édifices appartiennent désormais à la nation;

Que, d'après une résolution prise par le Gouvernement provisoire,

Ils doivent être vendus, pour leur prix être affecté au soulagement des victimes de notre glorieuse Révolution;

Et aux dédommagements que réclament le commerce et le travail;

Il invite donc tous les bons Citoyens à se souvenir que les édifices nationaux sont placés sous la sauvegarde du Peuple.

Le Maire de Paris,
GARNIER-PAGÈS.

Paris, 25 février 1848.

Voici maintenant les diverses proclamations :

AU NOM DU PEUPLE FRANÇAIS.

A la Garde nationale.

Citoyens !

Votre attitude dans ces dernières et grandes journées a été telle qu'on devait l'attendre d'hommes exercés depuis longtemps aux luttes de la liberté.

Grâce à votre fraternelle union avec le peuple, avec les Écoles, la Révolution est accomplie !...

La patrie vous en sera reconnaissante.

Aujourd'hui, tous les citoyens font partie de la Garde Nationale; tous doivent concourir activement avec le Gouvernement provisoire au triomphe régulier des libertés publiques.

Le Gouvernement provisoire compte sur votre zèle, sur votre dévoûment à seconder ses efforts dans la mission difficile que le Peuple lui a conférée.

A LA GARDE NATIONALE.

L'ennemi n'a pu nous vaincre, il veut déshonorer notre victoire !

Des malfaiteurs sèment autour de Paris la dévastation et l'incendie.

Que le peuple armé se lève tout entier pour les faire disparaître.

L'union de la Garde Nationale et des héroïques citoyens qui étaient derrière les barricades à foudroyer la tyrannie, que cette union écrase l'anarchie.

Que les premiers jours de notre République soient aussi purs que son triomphe a été glorieux.

Citoyens, du calme, de l'énergie, de la confiance dans le Gouvernement provisoire, qui vient de proclamer la République française, et nous serons assez forts contre toutes les machinations des ennemis de la Patrie.

La Garde Nationale reçoit dans ses rangs tout le peuple armé.

La jeunesse des Écoles, qui a tout fait pour le triomphe, est organisée et sous les armes.

Nos héroïques et admirables jeues gens de l'École Polytechnique sont à la tête de nos colonnes.

Leurs jeunes camarades de l'École de Saint-Cyr et de l'École d'État-Major sont venus se joindre à eux.

Que pourront contre le Peuple entier sous les armes, guidé par le Gouvernement provisoire, inspiré par le dévoûment, l'intelligence et le courage de nos jeunes officiers du peuple, les ennemis de l'intérieur et de l'extérieur?

Citoyens, du calme, de l'union; notre chère Patrie a repris son rang à la tête des peuples de l'Europe. Les Belges, les Italiens nous imitent. Tous les autres peuples vont les suivre et se lever aux cris sacrés de Liberté, Égalité et Fraternité.

Le commandant-général,

COURTAIS.

Le chef d'état-major provisoire,

GUINARD.

AUX CITOYENS DE PARIS.

Citoyens de Paris,

L'émotion qui agite Paris compromettait, non la victoire, mais la prospérité du Peuple. Elle retarderait le bénéfice des conquêtes qu'il a faites dans ces deux immortelles journées.

Cette émotion se calmera dans peu de temps, car elle n'a plus de cause réelle dans les faits. Le Gouvernement renversé le 22 s'est enfui. L'armée revient d'heure en heure à son devoir envers le Peuple et à sa gloire : le dévoûment à la Nation seule. La circulation, suspendue par les barricades, se rétablit prudemment, mais rapidement; les subsistances sont assurées : les boulangers que nous avons entendus sont pourvus de farines pour trente-cinq jours.

Les généraux nous apportent les adhésions les plus spontanées et les plus complètes. Une seule chose retarde encore le sentiment de la sécurité publique : c'est l'agitation du peuple qui manque d'ouvrage, et la défiance mal fondée qui fait fermer les boutiques et arrête les transactions.

Demain, l'agitation inquiète d'une partie souffrante de la population se calmera sous l'impression des travaux qui vont reprendre et des enrôlements soldés que le Gouvernement provisoire a décrétés aujourd'hui.

Ce ne sont plus des semaines que nous demandons à la capitale et au Peuple pour avoir réorganisé un pouvoir populaire et retrouvé le calme qui produit le travail. Encore deux jours, et la paix publique sera complètement rétablie ! Encore deux jours, et la liberté sera inébranlablement assise ! Encore deux jours, et le Peuple aura son Gouvernement.

25 février au soir.

(Les membres du Gouvernement provisoire.)

PROCLAMATION A L'ARMÉF.

Généraux, officiers et soldats,

Le pouvoir, par ses attentats contre les libertés, le Peuple de Paris, par sa victoire, ont amené la chute du gouvernement auquel vous aviez prêté serment. Une fatale collision a ensanglanté la capitale. Le sang de la guerre civile est celui qui répugne le plus à la France. Le peuple oublie tout en serrant les mains de ses frères qui portent l'épée de la France. Un Gouvernement provisoire a été créé ; il est sorti de l'impérieuse nécessité de préserver la capitale, de rétablir l'ordre et de préparer à la France des institutions populaires analogues à celles sous lesquelles le Révolution a tant grandi la France et son armée.

Vous saluerez, nous n'en doutons pas, ce drapeau de la patrie, remis dans les mains du même pouvoir qui l'avait arboré le premier. Vous sentirez que les nouvelles et fortes institutions populaires qui vont émaner de l'Assemblée Nationale ouvrent à l'armée une carrière de dévoûment et de services que la Nation, libre, appréciera autant et mieux que les rois.

Il faut rétablir l'unité de l'arme et du peuple un moment altérée.

Jurez amour au Peuple où sont vos pères et vos frères! Jurez fidélité à ses nouvelles institutions, et tout sera oublié; excepté votre courage et votre discipline.

La Liberté ne vous demandera plus d'autres services que ceux dont vous aurez à vous réjouir devant elle et à vous glorifier devant ses ennemis.

(Les membres du Gouvernement provisoire.)

Les communistes et les socialistes faisaient en même temps une grande manifestation pour rassurer les esprits sur leurs intentions et promettre leur concours au nouveau Gouvernement.

Voici la relation de celle des Socialistes, empruntée à la *Démocratie*.

Une manifestation solennelle, de nature à porter la sécurité et la confiance dans tous les esprits, a été faite aujourd'hui par des femmes, par des mères de famille, par des enfants.

Un imposant cortège, composé des dames inspectrices et patronesses des crèches, salles d'asyle et ouvroirs de Paris, auquel on avait adjoint un grand nombre d'enfants, a traversé lentement la ville dans ses quartiers les plus populeux, et s'est rendu au siège du Gouvernement provisoire pour hâter l'organisation définitive des institutions qui assureront désormais à l'enfance les soins maternels et l'éducation.

Le cortège, entouré par des ouvriers en armes et des Gardes Nationaux, a été l'objet des démonstrations les plus éclatantes de respect et de sympathie. Partout la foule s'est rangée avec vénération en saluant le drapeau de la République et les bannières sur lesquelles on lisait les inscriptions suivantes :

Education pour tous les enfants du Peuple.

Crèches, salles d'asyle, écoles, apprentissage.

Principe sacré de la famille.

Laissez venir à moi les petits enfants.

Sous une dernière bannière étaient inscrits ces mots :

UNION DES CULTES.—FRATERNITÉ UNIVERSELLE.

Puis marchaient ensemble des différents cultes : le grand rabbin israélite, des prêtres catholiques, un pasteur protestant.

Le Peuple, qui comprend si bien toutes les grandes idées, a accueilli avec une profonde sympathie cette généreuse manifestation, ce premier pas vers l'organisation de la famille sociale.

Voici maintenant la déclaration des Communistes.

LE POPULAIRE.

AUX COMMUNISTES ICARIENS.

Travailleurs nos frères,

Nous avons toujours dit que nous étions, avant tout, Français, Patriotes démocrates, aussi intrépides qu'humains et modérés : vous venez de le prouver. L'horrible trahison qui a fait couler le sang des citoyens mercredi soir 23 février, devant l'hôtel du ministère des affaires étrangères, a dû vous faire prendre les armes pour la commune défense ; et, dans l'immortelle journée du 24, vous avez partagé l'héroïque devoûment de la brave et généreuse Population de Paris.

Aujourd'hui, c'est l'*Union* seule, l'*Ordre* et la *Discipline* qui peuvent assurer au Peuple le fruit de sa victoire, en garantissant ses droits et ses intérêts.

Rallions-nous donc autour du Gouvernement provisoire, présidé par Dupont (de l'Eure), remplaçant l'odieux gouvernement qui vient de se rougir du sang des citoyens.

Appuyons ce Gouvernement provisoire qui se déclare *Républicain* et *Démocratique ;* qui proclame la Souveraineté Nationale et l'unité de la nation ; qui adopte la *Fraternité*, l'Egalité et la Liberté pour principes, et le *Peuple* pour devise et mot d'ordre, et qui dissout les chambres pour convoquer l'*Assemblée Nationale*, qui donnera à la France la *Constitution* qu'elle demande.

Mais sachons nous-mêmes réclamer constamment *toutes les conséquences* de ces principes.

Demandons que tous les Français soient déclarés FRÈRES, égaux en devoirs et en droits, sans aucune espèce de privilège, tous membres de la Garde Nationale, tous électeurs et éligibles à toutes les fonctions publiques, sans aucune condition d'argent.

Demandons le droit naturel et imprescriptible d'*association*, de *réunion* et de discussion, la liberté individuelle, sans arbitraire d'aucun homme, la liberté de la presse, sans entraves, sans *cautionnement ni timbre.*

Demandons surtout la garantie de tous droits et de tous les intérêts des travailleurs; la reconnaissance formelle du droit de vivre en travaillant, afin que le père de famille ne soit plus réduit à l'affreuse nécessité d'abandonner sa femme et ses enfants pour aller mourir en combattant.

Demandons l'organisation du travail et l'assurance du bien-être par le travail.

Demandons la suppression de tous les impôts sur les objets de première nécessité.

Demandons l'abolition des humiliantes, vexatoires et iniques institutions de la Douane et de l'Octroi.

Demandons, pour le Peuple, l'instruction générale, gratuite, commune, réelle et complète.

Demandons des institutions et des garanties pour le bonheur des FEMMES et des ENFANTS, pour que chacun ait la possibilité de se *marier*, avec la certitude de pouvoir élever sa famille et la rendre heureuse.

Fidèles à nos principes de fraternité, d'humanité et de modération, de justice et de raison, crions toujours et partout : « Point de désordre, point de violences, point d'oppression pour personne! mais fermeté, clairvoyance et prudence, afin d'obtenir justice pour tous! »

Point d'atteinte à la Propriété! mais inébranlable persévérance à demander tous les moyens que peut accepter la justice pour supprimer la MISÈRE ; notamment, en adoptant un système démocratique d'inégalité successivement décroissante, et d'égalité successivement croissante.

Gardons-nous de demander l'application immédiate de nos doctrines communistes. Nous avons toujours dit que nous ne voulions leur triomphe que par la discussion, par la conviction, par la puissance de l'opinion publique, par le consentement individuel, et par la volonté nationale. Restons fidèles à nos paroles.

Mais beaucoup d'entre nous ont conquis de leur sang le droit d'association, de réunion et de discussion publiques; ayons donc aussi l'inébranlable constance de réclamer ces droits; et l'expérience, jointe à la discussion, suffira pour persuader et pour convaincre que notre système d'organisation sociale et politique est le seul remède à la misère, le seul qui puisse assurer le bonheur et le salut de l'humanité.

Encore un mot : le Gouvernement provisoire annonce l'armement de tous les citoyens et l'organisation générale de la Garde nationale, tout en assurant l'existence du Peuple : ne déposez donc pas vos glorieuses et immortelles barricades! laissez, au contraire, toutes vos affaires, pour vous organiser et vous enrégimenter! Achevez, complétez et régularisez votre armement; demandez que les bastilles soient désarmées, que tous les canons, toutes les armes et toutes les munitions soient livrés au Peuple, et que le Peuple parisien soit tout entier sous les armes, organisé, discipliné sous les chefs de son choix : c'est alors qu'on aura réellement la garantie de l'ordre comme de la liberté, et de la liberté comme de l'ordre ; de même que, quand toute la Garde Nationale de France sera armée et organisée démocratiquement, c'est alors qu'on aura la garantie réelle de la paix universelle, de l'indépendance des Nations et de la fraternité des Peuples.

Paris, le 25 février 1848.

CABET.

En se ralliant ainsi spontanément au Gouvernement provisoire, les Socialistes et les Communistes faisaient acte de bons Citoyens.

Tels furent, en quelques heures, les actes du nouveau gouvernement. La cause du progrès et de la liberté gagna plus en un jour qu'elle n'avait gagné en 17 ans avec la royauté déchue. Les faits eux-mêmes semblaient, pour se régulariser, lutter d'activité avec le Peuple quand il avait vaincu, avec l'autorité quand elle faisait fructifier la victoire.

Ainsi, par exemple :

Les forts de Vincennes et du Mont-Valérien s'étaient rendus ;

Les principaux chefs de corps (armée de terre ou de mer) avaient adhéré au nouvel ordre de choses ;

Une députation de l'Opposition de la chambre des députés avait imité cet exemple ;

Un mandement de l'archevêque de Paris avait ordonné un service solennel pour les morts et une quête pour les familles indigentes des morts et des blessés ;

Les cours et tribunaux avaient recommencé à siéger et rendaient la justice au nom du Peuple français ;

Le calme et la sécurité renaissaient partout comme par enchantement, et ce n'est pas une des moins étonnantes choses de cette Révolution si étonnante ;

Enfin, chacun avait foi dans l'avenir et semblait avoir pris pour devise :

Dieu et patrie ;

Oubli du passé ;

Tolérance religieuse ;

Vigilance pour l'avenir ;

Chacun semblait pénétré de cette vérité, qu'il fallait avant tout se préserver des excès et qu'il ne suffit pas de savoir conquérir la liberté, mais qu'il faut encore savoir s'en rendre digne. C'est plus difficile, c'est vrai ; mais la France a déjà fait de si grandes choses, que celle-là n'est pas au-dessus de ses forces.

Telles furent ces mémorables journées après lesquelles la Nation, encore une fois souveraine, put ramasser, pour la troisième fois en un demi-siècle, la couronne tombée du front de trois rois, l'un légitime, l'autre imposé, le troisième élu.

La chute de ce dernier n'a peut-être pas de précédents dans l'histoire. Il s'enfuit seul, pouvant à peine rejoindre dans sa fuite sa famille éparpillée, sans une seule épée prête à se tirer pour lui, sans un seul ami qui partageât sa disgrâce, sans qu'une seule de toutes ces harpies, dont la rapacité avait miné son trône, lui jetât, par quelque éclatante démission, l'obole de la sympathie ou de la reconnaissance !

Quant aux détails sur la fuite de ce roi, voici ce qu'on en savait dans les premiers moments :

« Il sortit d'abord de la grille des Tuileries, au milieu des cavaliers suivis de près par une trentaine de personnes portant différents uniformes. Louis-Philippe avait son bras droit passé dans le bras gauche de la reine, sur laquelle il s'appuyait assez fortement, et celle-ci, marchant d'un pas ferme, jetait des regards à la fois assurés et colères sur tout ce qui les entourait. Le roi était en habit noir, avec un chapeau rond et sans aucun insigne. La reine portait le grand deuil. On disait qu'ils se rendaient à la chambre des députés pour y déposer l'acte d'abdication; des cris se firent entendre. On distinguait ceux de : Vive la Réforme ! Vive la France ! et deux ou trois voix y mêlèrent ceux de : Vive le roi ! Dès qu'on eut dépassé le terrain qui formait autrefois le pont Tournant, et à peine parvenus à l'asphalte qui entoure l'Obélisque, Louis-Philippe, la reine et le groupe tout entier s'arrêtèrent sans que rien n'en indiquât la nécessité. Tout-à-coup ils furent enveloppés, tant de personnes à pied que de celles à cheval, et tellement pressés qu'ils n'avaient plus la liberté de leurs mouvements. Louis-Philippe parut effrayé de cette soudaine approche.

En effet, la place était fatalement choisie par le hasard, et cette halte prenait une étrange signification ; à quelques pas de là, un roi Bourbon eût été bien heureux de n'éprouver qu'un traitement semblable ! Louis-Philippe se retourna vivement en quittant le bras de la reine, prit son chapeau, le leva en l'air, et prononça une phrase que le bruit qui se faisait empêcha d'entendre. On criait sans articuler d'opinion, les chevaux caracolaient autour du groupe; le pêle-mêle était général. La reine s'alarma de ne pas sentir le bras qu'elle soutenait, et se retourna avec une extrême vivacité, en parlant de même. Un assistant lui dit alors : « *Madame, ne craignez rien; continuez, les rangs vont s'ouvrir devant vous.* » Le trouble où elle était lui fit mal interpréter l'intention et le mouvement de l'interlocuteur ; et, repoussant sa main : « *Laissez-moi!* » s'écria-t-elle avec un accent des plus irrités. Puis elle saisit le bras de Louis-Philippe, et ils retournèrent sur leurs pas à très-peu de distance de là, où stationnaient des petites voitures noires, basses et attelées chacune d'un cheval : deux très-jeunes enfants se trouvaient dans la première. Louis-Philippe prit la gauche, la reine la droite ; les enfants se tinrent debout, le visage collé sur la glace et regardant le public avec une attention curieuse. Le cocher fouetta vigoureusement; la voiture s'enleva plutôt qu'elle ne partit. La seconde voiture, où se placèrent deux dames, que l'on disait des princesses, essaya de rejoindre la première.

Quant aux ministres du gouvernement déchu, ils étaient, le 24, vers midi, à l'hôtel du ministre de l'intérieur. La nouvelle de l'abdication et de la retraite de Louis-Philippe leur étant arrivée, ils se sauvèrent tous en sautant par la croisée. Arrivés à la porte de la rue de Varennes, ils se dispersèrent dans diverses directions. M. Guizot s'enfuit sous un déguisement de domestique.

M. Duchâtel avait un manteau qui lui cachait les yeux.

M. Hébert s'était mis des moustaches. — On prétend qu'ayant été reconnu par un groupe de citoyens vers la Croix-Rouge, il put néanmoins traverser la foule sans en recevoir aucune atteinte.

— Laissons-le passer, dit un jeune avocat stagiaire. Plus le peuple s'élève, plus il respecte ceux de ses ennemis qui sont à terre.

Deux jours après, tout dans Paris avait à peu près pris son aspect accoutumé. A peine pouvait-on croire qu'une immense Révolution venait de passer par là.

Paris, cependant, après cette mémorable victoire, offrait l'image d'une ville sortie victorieuse d'un grand assaut : partout des vestiges de lutte, partout des monuments de triomphe. Sur les édifices balafrés par les balles, flottait le drapeau populaire : sur des barricades abattues par les troupes, un blessé narrait à la foule attentive quelque épisode du grand drame : sur d'autres encore debout retentissaient les mâles accents de *la Marseillaise* et du *chœur des Girondins*. Au coin d'un carrefour, un orateur pérorait, jetant à l'air les mots de *Liberté*, de *Réforme*, de *République*, que des milliers de voix répétaient avec enthousiasme; dans les maisons voisines, des femmes charitables soignaient pieusement un inconnu blessé dont l'état alarmant n'avait pas permis le transport ailleurs. Partout se formaient des groupes qu'animaient la joie la plus vive, la confiance, l'entraînement, tout ce qui part spontanément du cœur. On s'abordait sans se connaître, on se serrait les mains comme de vieilles connaissances. Ce serrement de mains familier, affectueux entre des gens de tout état, de toute condition qui ne s'étaient jamais vus, qui ne devaient jamais se revoir, que le rang ou la fortune avaient placés aux degrés les plus opposés de l'échelle sociale, et que le baptême de la victoire avait un moment mis au même niveau, était plus éloquent que les paroles; c'était le cœur qui parlait par la main et les yeux, revêtant plus que tout l'ivresse commune du triomphe, le délire général du patriotisme. En somme, Paris était admirable à voir dans ces premiers moments : on eût dit une ville de frères n'ayant qu'une même pensée, celle d'inaugurer une ère nouvelle que je ne saurais mieux préciser qu'en transcrivant textuellement ce que j'ai dit ailleurs.

« En dehors des décisions des congrès monarchiques, il est une autre autorité à laquelle est seule réservée la solution de la question pendante entre les peuples et les royautés. Cette autorité seule sera infaillible, autorité de nations civilisées, toutes unies par le même vœu, quoique séparées et absentes, toutes parlant la même langue, quoique dans des idiomes différents; autorité immortelle de peuples que domineront trois seules puissances, la raison, la justice et l'humanité ; autorité suprême qui cassera toutes les décisions temporaires et accidentelles prises contre son omnipotence ; autorité permanente, inamovible, indestituable, et qui n'a d'autre ministre, pour l'exécution de ses arrêts, que le temps. C'est elle qui, si souvent déjà, après dix-huit siècles de résignation, s'est si résolument posée en face de la royauté récalcitrante ; ce sera elle qui décidera en dernier ressort si, dans cette lutte qui a commencé par mettre en présence les peuples et les trônes, qui, ensuite, a continué entre l'oligarchie collatérale de la royauté et les peuples; ce sera elle, disons-nous, qui décidera de quel côté se trouvent le droit, la raison, la justice et l'humanité.

« Un mouvement a été imprimé au monde, et le monde marche. Un seul mot a changé la face de l'univers, a rendu odieux ce qui était aimé, méprisable ce qui était vénéré, ridicule ce qui prétendait aux hommages;

« Il a ébranlé ce qui était bâti sur l'airain;

« Il a effacé jusqu'aux prestiges de l'or et de la grandeur;

« Il a mis à nu toutes les laideurs qui se cachaient sous des noms pompeux;

« Il a déchiré les voiles qui masquaient les vices et les turpitudes;

« Il a découvert des plaies saignantes depuis des siècles;

« Il a montré, sous leur luxe de clinquant, tous les oripeaux dont se paraient les privilégiés du monde;

« Il a fouillé jusqu'au fond des sanctuaires, et en a arraché des idoles d'argile qui réclamaient effrontément des adorations imméritées;

« Ce mot est celui de LIBERTÉ !

« Quel est donc la magie de ce mot pour porter la lumière dans les ténèbres, pour éclairer les esprits, pour réveiller les ames les plus engourdies, pour doubler l'activité des plus ardentes, pour les confondre toutes dans un même sentiment, pour porter la vie jusque dans des tombes et galvaniser jusqu'à des peuples morts ! Semblable au soleil qui, depuis l'origine du monde, éclaire et réchauffe sans que sa lumière et sa chaleur tarissent jamais, le mot de Liberté a été, depuis l'origine des Sociétés, le Dieu qu'a invoqué la voix du malheur, et son aide n'a jamais manqué aux malheureux. Le genre humain se serait-il trompé ? En lui apprenant que dans la vie des Sociétés comme dans celle des individus, il n'y a de bonheur vrai, solide et complet qu'avec la Liberté, et par la Liberté, la nature ne peut l'avoir induit en erreur ! Sans cela les Nations n'auraient pas cherché, de tout temps, à s'élancer vers un ordre de choses qui leur promet, non pas un bonheur lié à l'existence d'un prince ou d'un ministre, bonheur sans passé et sans avenir, mais un bien-être basé sur des institutions contre lesquelles ne saurait prévaloir le caprice ou la perversité d'un maître.

« Cet élan des Peuples et de la démocratie vers une destinée meilleure, est donc à la fois une tendance naturelle et un but de progrès, le but normal des Sociétés. Qu'importe, après cela, que des rois en congrès érigent en dogmes d'incroyables prétentions ! Leurs symboles sont passagers comme eux, et au jour où nous vivons, plus passagers encore qu'eux ? Qu'importe, qu'ils appellent à leur secours la persuasion du glaive ! Qu'ils oublient que les soulèvements qui, à diverses époques, les ont porté au trône, avaient des principes moins légitimes que les Révolutions modernes ! Qu'ils refusent de reconnaître que, dans leur retour vers la Liberté, les Peuples ne sont point des usurpateurs, et qu'ils ne font que reprendre ce qu'une inique usurpation leur avait ravi ! Qu'importe que, sous la protection de leurs armées, se forment des commissions militaires, se dressent des listes de proscription, s'élèvent des échafauds! L'humanité ne peut pas rétrograder, et les trois couronnes, symboles de toutes les fureurs monarchiques, arrogantes familles auxquelles la chute de Napoléon livra la domination du continent, sont toutes trois bien jeunes dans la possession d'un grand pouvoir, pour que les Peuples prennent au sérieux leurs prétentions à la légitimité par *droit divin*. Qu'elles se hâtent d'abuser de la position qu'un heureux hasard leur a faite ; car le jour de la justice est proche pour plus d'une d'entre elles!

« Il est vrai que chacune des années du demi-siècle qui vient de s'écouler a vu frapper la liberté de quelque peuple, l'indépendance de quelque gouvernement. Il est encore vrai que les annales de ces cinquante années sont pleines de dates qui rappellent des souvenirs de malheur, dont le nom retentit à l'oreille des peuples comme un tocsin d'alarme, comme le tintement des funérailles ; mais chacune de ces dates a ouvert un compte entre les peuples et les cabinets. Quel solde en faveur des premiers! Quelle dette à la charge des autres! Et qu'on ne s'y trompe pas : comme ceux des particuliers, ces comptes doivent un jour se clore; car déjà, au temps où nous vivons, les démocraties montent, les oligarchies descendent, les rois proposent et les peuples disposent! »

Un mot en terminant :

A travers les péripéties lugubres ou héroïques du drame sanglant que joue l'Europe depuis un demi-siècle, deux traits surgissent saillants : l'un, c'est que depuis 1789, il s'est ouvert entre les peuples et l'oligarchie européenne une lutte dont la solution est dans un avenir plus ou moins prochain ; l'autre, c'est que ce conflit, réduit à sa plus simple expression, n'est que la lutte du principe progressif qui veut dominer, contre le principe rétrograde qui domine ; de la civilisation qui réclame sa part de droits, contre la barbarie qui ne veut rien céder de ses usurpations ; en un mot, de la *légitimité des nations*, fondée sur le *droit humain*, contre une autre *légitimité* se prétendant issue de *droit divin*.

Ce dernier débris de la barbarie des âges n'a pu être invoqué avec quelque chance de succès qu'à une époque où les peuples étaient malheureusement plongés dans l'ignorance la plus crasse, dans l'abrutissement le plus complet, où les hommes étaient assez peu religieux pour ne pas voir que rendre Dieu source de toutes les atrocités, de toutes les turpitudes dont la vie des grands de la terre a été si souvent le résumé, c'était faire de la Divinité un monstre moral plus hideux et plus exécrable encore que les hommes assez pervers pour oser mettre leurs iniquités à l'abri de son nom. Aujourd'hui, par les seules lumières de la la raison, cette arme usée s'est brisée entre leurs mains impies. Tout prestige s'est évanoui ; des hommes seuls sont restés en présence. D'une part, des peuples déshérités qui ont dit : *Nous sommes tout par le nombre et l'utilité; nous n'avons rien été jusqu'à présent, nous voulons être quelque chose*; de l'autre, d'heureux privilégiés qui ont répondu : *De tout temps il y a eu des loups; nos pères l'ont été, nous voulons rester ce que furent nos pères.* Les succès ou les revers de ces prétentions réciproques sont toute l'histoire de la période révolutionnaire des cinquante dernières années.

Ce spectacle d'une grande lutte entre la cause du despotisme et celle de la Liberté, que présente le monde depuis 1789, a, de plus en plus, causé des changements prodigieux dans l'esprit et la condition des Peuples, dans la constitution et les limites des États de l'Europe. L'impulsion libératrice partie de la France a bouleversé l'Europe de Cadix à Moscou, et, à des milliers de lieues, le contre-coup de tant de révolutions a suffi pour briser les chaînes coloniales de l'Amérique. Cette universalité d'action et d'effets est à elle seule le plus haut enseignement de l'histoire; elle révèle, dans la Révolution française, un caractère plus complet que dans aucune de celles qui l'ont précédée. En effet, les deux Révolutions anglaises n'avaient pas franchi les limites de l'île; elles étaient restées sans conséquences pour les autres États. La Révolution américaine elle-même, quoique assise sur des principes plus larges et plus féconds que les deux Révolutions anglaises, n'avait pu troubler le sommeil des colonies voisines. Mais, lorsque l'heure du changement est arrivée, lorsque le Peuple français s'est levé, les autres Peuples ont reconnu en lui un vrai messie politique; ils l'ont salué comme tel, et le monde entier a pris sa marche vers des destinées nouvelles.

Si le doigt de Dieu n'est pas là, où faut-il le chercher? Si ce n'est pas là un caractère providentiel, à quel indice peut-on le reconnaître?

En effet, l'intelligence la plus vulgaire peut saisir,

dans tous les faits, l'invincible cours que suit la révolution européenne. De toutes les révolutions partielles qui ont éclaté depuis un demi-siècle, il ressort évidemment que l'époque est arrivée où les institutions, les formes sociales, ne sont plus en harmonie avec les changements survenus dans les croyances, les intérêts et les mœurs. La société nouvelle ne peut plus tenir dans son ancien moule ; et, comme on refuse de l'élargir, pour s'affranchir elle essaie de le mettre en pièces.

Pour faciliter cette œuvre, d'une part, les champions du *droit humain* doivent entrer en lice, non plus avec les fureurs imitées de leurs adversaires, non plus avec l'irritation motivée d'esclaves encore tous froissés du poids de leurs chaînes, mais avec la dignité d'hommes qui sentent leur valeur, et qui, persuadés que la justice fait la force, se contenteront de secouer leurs fers sans chercher à les briser sur les crânes de leurs maîtres. De l'autre, les champions du *droit divin*, au défaut d'un droit dont l'abus a détruit la valeur, s'appuyant plus que jamais sur une force qui leur échappe, renouvelleront à tout propos ces fureurs qui ont appelé sur leurs têtes tant de malédictions. Des prisons n'auront pas de cachots assez sombres, les chaînes de carcan assez lourd, les échafauds de couperets assez tranchants pour perpétuer le succès d'une cause perdue. La modération des premiers sera un indice de force, les fureurs des seconds seront un indice de faiblesse. Cette diversité seule de moyens et d'action prouvera, plus que tout, auquel des deux principes doit rester la victoire.

Après ces nouvelles immortelles *Journées*, **la** France peut entreprendre cette croisade et la mener à bonne fin. Si elle sait fonder un ordre durable sur des bases affermies, elle prouve que la royauté et l'aristocratie ne sont pas nécessaires au maintien de l'ordre, et c'en est fait d'elles. Si elle donne raison aux détracteurs de la liberté et de la démocratie, la démocratie et la liberté ne sont plus! Une immense responsabilité pèse sur elle, et, *comme tous les peuples sont solidaires devant le pouvoir comme les hommes sont frères devant l'éternité, chaque excès qu'elle commettrait serait une chaîne plus lourde rivée aux mains des peuples pour lesquels n'a pas encore sonné l'heure de la liberté.*

TABLE.

	Pages.
Introduction	1
Journée du 22 février	8
Journée du 23 février	22
Journée du 24 février	39
Journée du 25 février	92

PARIS. — IMPR. DE A. HENRY, RUE GIT—LE-CŒUR, 8.